TED
프레젠테이션

세계가 감동하는 TED, 12가지 비밀

TED
프레젠테이션

제레미 도노반 지음 · 윤지현 해제 · 김지향 옮김

인사이트앤뷰

당신의 아이디어를
퍼뜨려라

TED 프레젠테이션을 즐겨보는 독자라면 TED를 처음 접했을 때의 흥분과 설렘을 생생하게 기억할 것이다. '18분 안에 다른 사람들을 감동시키는 프레젠테이션!' TED의 미션은 이처럼 가치 있는 아이디어를 세상 곳곳에 퍼뜨려 많은 사람과 공유하는 것이다. TED의 미션만큼이나 TED의 연사들 또한 한 번도 우리를 실망시키지 않았다. 켄 로빈슨Ken Robinson, 질 볼트 테일러Jill Bolte Taylor를 비롯한 수많은 연사는 강렬한 콘텐츠, 멋지고도 감동적인 프레젠테이션으로 전 세계인의 마음을 사로잡았다.

TED 프레젠테이션을 자세히 알지 못하는 독자를 위해 조금 더 설명하자면, TED는 기술Technology, 엔터테인먼트Entertainment, 디자인Design 분야를 주제로 프레젠테이션을 개최하는 미국의 비영리 재단이다. 프레젠테이션의 목적은 앞서 언급한 대로 '가치 있는 아이디어를 널리 확산시키는 것'이다. TED가 추진하는 프로그램에는 여러 가지가 있지만, 그 중에서 가장 잘 알려진 두 가지는 세계 최고 수준의 오프라인 콘퍼런스인 TEDx와 온라인에서 무료로 공개하는 프레젠테이션 영상 서비스이다.

TED 프레젠테이션을 자주 본 독자라면 무대를 빛내는 연사들이 두 가지 유형으로 구분된다는 사실을 잘 알고 있을 것이다. 첫 번째 유형은 대단한 일을 하고 있거나 탁월한 재능을 가진 사람들이고, 두 번째 유형은 평범하지만 자신이 경험한 놀랄 만한 스토리를 다른 사람과 공유하는 사람들이다.

삼성전자에서 임원으로 영입한 프라나브 미스트리Pranav Mistry, 심해저 탐험가이자 해양생물학자인 데이비드 갈로David Gallo와 같은 연사가 첫 번째 유형에 속한다. 데이비드 갈로는 해저 심연에 서식하는 수천 종의 신기한 바다 생물을 직접 보여주며 청중을 환상의 바다 세계로 초대했다. MIT 미디어랩의 천재였던 프라나브 미스트리는 미래의 물질세계에서 우리가 데이터와 어떻게 상호 커뮤니케이션을 수행하는지를 시연해 보였다. 그가 소개한 식스센스 기술Sixthsense Technology은 입을 수 있는 카메라와 프로젝터로 구성되어 있고, 스마트폰과도 연결되어 있어 손바닥에 제어장치를 끼우면 허공뿐 아니라 어떤 공간에서도 인터넷을 자유자재로 이용할 수 있다. 글로는 이 기술이 얼마나 혁신적인지 제대로 설명하기 어려울 정도라서 이 내용을 자세히 알고 싶다면 TED 토크 온라인에서 프라나브 미스트리의 프레젠테이션을 찾아보기 바란다.

탁월한 재능을 가진 사람도 TED 무대에 설 수 있다. 이런 재능을 가진 TED 연사로는 수학 마술을 소개한 아서 벤자민 Arthur Benjamin과 우쿨렐레Ukulele를 가지고 퀸Queen의 보헤미안 랩소디를 멋지게 연주해 청중의 넋을 빼놓은 제이크 시마부크로Jake

Shimabukuro를 꼽을 수 있다. 제이크 시마부크로의 짧은 공연을 보기 전까지, 불과 4개의 줄이 달린 어린이용 기타처럼 생긴 자그마한 악기로 그렇게 멋진 음악을 연주할 수 있으리라고 상상한 사람은 아무도 없었다.

친구들의 부러움을 한 몸에 받을 수 있을 정도로 괜찮은 직업을 가진 사람은 흔치 않다. 어떤 사람은 하나의 재능을 발전시키기 위해 평생을 투자하고, 또 어떤 사람은 한 분야의 전문가가 되기 위해 수천 시간을 쏟아 붓는다. 이들이 우리에게 시사하는 바는 무엇일까? 그리고 우리가 TED 무대에 선다면 과연 어떤 스토리로 세계를 감동시킬 것인가?

TED 연사의 두 번째 유형은 독자 여러분이나 나처럼, 평범하지만 놀랄 만한 스토리를 갖고 있는 사람이다. 아마 벌써 실망하는 독자들이 있을지도 모르겠다. "나에겐 놀랄만한 스토리 같은 것은 없는데, 늘 재미없는 일상의 연속이고 삶 자체도 지극히 평범한데, 게다가 질 볼트 테일러Jill Bolte Taylor처럼 뇌졸중에 걸렸다고 해서 이를 직접 연구할 수 있는 뇌 과학자도 아닌데, 나이지리아의 소설가 치마만다 아디치Chimamanda Adichie처럼 아프리카 출신의 유명 작가도 아니잖아?"라면서 말이다.

하지만 걱정은 내려놓아도 좋다. 성인이 된 지금까지 살아남았다면 실패의 문턱에서도 굴하지 않고 꿋꿋이 버텨온 여러분만의 스토리가 수없이 많을 테니까 말이다. 사랑도 해봤을 테고, 실연의 아픔도 겪어봤을 것이다. 또 다른 사람에게 상처를 준 일도, 상처를 입은 일도 있었을 것이다. 아무것도 없는 듯 보이지만 보통 사람의 삶에도 아주 특별한 순간들이 있다. 당연히 여러분의 스토리도 다른 사람에게 놀라운 감동을 줄 수 있다. 다만 어떻게 풍부한 감성을 스토리에 녹여 다른 사람에게 전달할지 그 방법만 알면 된다.

여러분에게 문제가 있다면 멋지고 근사한 스토리가 없는 것이 아니라, 인생을 살아오면서 경험한 스토리가 너무나 많다는 데 있다. 질 볼트 테일러가 어느 날 갑자기 뇌 연구자로 이 세상에 태어나 다음 날 뇌졸중이 찾아오고, 셋째 날 TED 무대에 선 것이 아니지 않은가? 그녀 역시 TED를 통해 공유한 스토리 외에도 수없이 많은 삶의 경험들이 있을 것이다. 그러나 그녀는 자신이 가진 수많은 스토리 중에서 하나를 선택했다. 그것이 그녀의 프레젠테이션이 된 것이다. 여러분도 인생을 살아오면서 겪은 수많은 경험 중에서 놀랄만한 스토리를 끄집어내 다른 사람과 충분히 공유할 수 있다. 이 책이 그 길잡이가 되어줄 것이다.

TED 토크의 기획자들은 연사가 무대에 오르기 전, 'TED 십계명'을 주지시킨다. 물론 십계명에는 좋은 내용이 담겼지만, 실제로 'TED 프레젠테이션을 어떻게 해야 하는지'에 관한 것은 없다. 나는 TED 십계명을 콘텐츠와 프레젠테이션의 2개 카테고리로 나눠 재구성해봤다.

[콘텐츠]

01. 연사가 가진 재능을 그저 단순하게 나열하지 마라.

02. 큰 꿈을 꾸거나, 놀랄만한 무언가를 보여주거나, 지금까지

단 한 번도 공개하지 않았던 새로운 무언가를 공유하라.

03. 구체적인 스토리를 이야기하라.

04. 무대 위에서 홍보나 판촉하지 마라. 연사가 속한 기업, 제품,
저서, 절실한 투자유치 등에 대한 언급은 절대 금물이다.

05. '웃음은 건강에 좋다'는 점을 프레젠테이션 내내 염두에
둬라.

[프레젠테이션]

06. 연사의 호기심과 열정을 진솔하게 드러내라.

07. 다른 연사에 대한 평가는 자유롭게 하라. 열기를 북돋울
수 있다.

08. 자랑하지 말고, 약하게 보여라. 성공뿐만 아니라 실패에
대해서도 언급하라.

09. 대본을 읽지 말고 프레젠테이션을 해라.

10. 시간을 준수하라. 다른 연사들이 기다린다.

이제부터는 가장 인기 있는 TED 프레젠테이션을 집중 분석

해서 '감동을 주는 프레젠테이션 방법'을 여러분에게 구체적으로 소개할 것이다. 단계별로 차근차근 밟아나간다면 여러분도 주제 선정, 스토리 구성, 감동적인 프레젠테이션, 그리고 근사한 프레젠테이션 디자인에 이르기까지 최고의 프레젠테이션이 갖추어야 할 룰을 충분히 이해할 수 있을 것이다.

★주 1. 이 책에서는 미국 저작권법의 '공정사용Fair Use' 규칙을 준수해 비판과 논평, 청중의 공감을 유발하는 연사들의 프레젠테이션 스킬 소개라는 공공 목적을 위해 TED Talks의 일부 내용을 제한적으로 사용했다. 나는 이 책이 많은 사람들에게 TED의 목적과 미션을 알리는 계기가 되었으면 하는 바람이다. 책에 소개된 기업과 제품명은 해당 기업과 제품의 등록상표임을 밝혀둔다.

CONTENTS

PART II 멋진 발표자료, 훌륭한 프레젠테이션

TED

콘텐츠,
스토리,
스토리의 구성

TED

깊은
자기 성찰에서
시작하라

강렬한 인상을 남길 프레젠테이션을 하고 싶다면 결론을 먼저 머릿속에 그리고 있어야 한다. 강연장을 가득 메운 청중이 썰물처럼 빠져나간 뒤에도, 혹은 인터넷으로 프레젠테이션 영상을 접한 사람들이 다른 웹사이트로 옮겨간 뒤에도, 잊지 못할 강렬함이 잔영처럼 오래도록 남는 그런 프레젠테이션을 하고 싶다면 말이다. 그래야 여러분의 메시지가 다른 사람의 생각을 바꾸고 마음을 움직여 행동에 나서게 할 수 있다.

프레젠테이션에 담을 주제를 선정하는 작업은 내면 깊은 곳의 자기 성찰로부터 시작해야 한다. 물론 프레젠테이션의 중심은 스토리이다. 그러나 "내 삶에서 가장 놀랄만한 스토리가 뭐였지?"라는 질문부터 시작한다면 이는 첫 단추부터 잘못 끼운 것이다. 대신 다음과 같은 질문, 즉 자신을 스스로 돌아보는 질문으로 시작하자. "지금까지 사는 동안 내게 가장 중요했던 교훈이 뭐였지?" "가장 즐거웠던 순간, 가장 비참했던 순간은 무엇이었지?" "내가 살아가는 이유는 뭐지?" "어떻게 해야 다른 사람을 내 삶 속으로 끌어들일 수 있지?"

스토리의 중심이 될 아이디어를 결정했다면 이제 다시 뒤로 돌아가 스토리와 객관적인 사실들을 구조화해 청중이 공감할 수 있는 내용으로 만들어낼 차례이다. 그럼, '인생에서 얻은 최고의 교훈'을 주제로 선택했다고 가정하자. 아마도 여러분의 스토리는 언제, 어떻게 이 교훈을 얻게 되었는지에 대한 내용으로 구성될 것이다. 여기서 가장 중요한 것은 '누구에게 그 교훈을 얻었는지'가 반드시 포함되어야 한다는 점이다. 감동을 주는 스토리에는 늘 영웅이 등장하기 때문이다. 스토리를 만들어가는 동안 역할 바꾸기도 끊임없이 시도할 필요가 있다. 비판적인 청중의 입장에 서서 "그래서 뭐 어쨌다고?", "이 얘기가 도대체 나에게 무슨 도움이 되지?"라고 질문을 던져보는 것이다.

최다 조회 수를 기록한 TED 프레젠테이션 10개 중 7개는 청중이 이전과는 다른 삶을 살 수 있도록 영감을 불어넣는 주제였다. 사실 이런 주제는 스토리의 콘셉트가 참신하지도 새롭지도 않다. 무려 2000년 이상 상식처럼 굳어져 버린 '하늘 아래 새로운 것은 없다.'는 전도서의 표현과 딱 어울리는 주제들이다. 이 7개의 TED 프레젠테이션 주제는 정신질환, 창의성, 리더십, 행복, 동기부여, 성공, 자존감과 관련된 마음에 관한 것들이었다.

나머지 3개는 대인관계와 사회변화를 촉구하는 것으로 앞의 주제보다 좀 더 포괄적인 내용을 다루었다. 구체적으로는 공공보건, 공공 교육, 다양성에 대한 것으로 기존의 사고방식을 바꿔 행동에 나설 것을 촉구하는 것들이다. 물론 이런 메시지를 전하는 프레젠테이션이 이 세 가지 주제만 있는 것은 아니다. 그리고 앞으로도 비슷한 메시지를 전하는 다른 프레젠테이션들이 계속 탄생할 것이다. 연사들은 우리가 왜 이런 문제들에 관심을 기울여야 하며, 또 어떻게 해야 사회를 변화시킬 수 있는지 깊이 고민하도록 계속 화두를 던질 것이다.

그렇다면 여러분은 어떤 주제 영역에 도전할 것인가? 그 이
전에 여러분이 청중과 정서적인 유대관계를 형성해 공감을 끌어
내고 싶다면, '사람들에게는 건강과 물리적인 안전이 확보된 이
후에 발현되는 4가지 기본 욕구가 있다.'는 사실을 기억해두기
바란다.

그 첫째는 사랑과 소속감에 대한 욕구다. 2011년 중반, 콜 맘
Call Mom의 창업자 게르다 그림셔Gerda Grimshaw는 세계 최대 규모의
비즈니스 전문 소셜 네트워크 서비스인 링크드인Linkedin의 TED
토론그룹에 "당신은 왜 행복하다고 느끼십니까?"라는 질문을 올
렸다. 그가 운영하는 콜 맘은 싱글 맘과 이들의 자녀들이 독자적
인 삶을 유지하는 데 필요한 자원과 교육 정보를 제공하는 무료
추천 서비스이다. 당시 이 질문에 대해 100여 개의 댓글이 달렸
는데, 이 댓글을 단 사람 중 92명이 자신이 행복을 느끼는 이유
를 있는 그대로 진솔하게 표현했다. 나는 이들 92명이 느끼는 행
복감의 원천이 무엇인지를 알아보기 위해 댓글의 내용을 분류해

봤다. 물론 과학적 근거에 기반을 둔 분류는 아니라는 점을 고려해주기 바란다.

아래 리스트에서 볼 수 있듯이 많은 사람이 행복의 원천으로 사회적 상호작용을 통해 표현되는 감정인 '사랑과 소속감', 즉 사회적 상호작용을 최우선으로 꼽았다.

1. 가족, 친구, 반려동물과의 사회적 상호작용 30.4%

2. 자연 체험 12.0%

3. 기부와 자원봉사 10.9%

4. 주어진 책무의 완수 9.8%

5. 코칭, 교육, 또는 글을 통한 타인 격려 7.6%

6. 반성과 학습 7.6%

7. 마음 비우기 명상, 또는 '순간에 머물기' 6.5%

8. 건강 5.4%

9. 육체적 만족과 운동 5.4%

10. 자기표현 2.2%

11. 재정적 여유 2.2%

4가지 기본 욕구로 구분하면, 두 번째로 많은 것이 '갈망과 개인적인 이익'이었다. 위 리스트 중에서 육체적 만족과 운동, 재정적 여유가 여기에 속한다. 솔직히 말해 응답자들이 링크드인 회원이 아니라 평범한 일반인이었다면 이 두 가지에 대한 욕구가 더 높게 나타났을 것이다. 그러나 링크드인의 경우 회원 대부분이 도덕적으로 흠잡을 데가 없는 사람들이고, 사이트에서 실명을 사용하는 제약으로 인해 갈망에 관해 직접적으로 언급하는 것을 피한 것으로 보인다. 그렇다면 TED 무대에서도 이런 주제가 적합하지 않을까? 그렇게 생각한다면 생각을 바꾸기 바란다. 메리 로치Mary Roach shared는 TED에서 '오르가슴에 대해 당신이 모르는 10가지'를, 헬렌 피셔Helen Fisher는 '우리는 왜 사랑하고 속이는가'를 주제로 들고 나왔다.

세 번째 기본 욕구는 끊임없는 자기계발이다. 이 주제를 다룬다면 여러분도 청중과 충분히 교감할 수 있을 것이다. 사람은 누구나 배움을 통해 성장하기를 원하기 때문이다. 우리는 자신에게 관심이 많고, 끊임없이 한계에 도전하며, 결국에는 이를 극복해내기를 원한다. 마찬가지로 우리는 우리를 둘러싸고 있는 세계에 대해서도 관심이 많다. 예를 들어, 여러분이 과거에 한 가지 목표를 설정했고, 이를 성공적으로 이뤄냈다면 이 또한 멋진 TED 프레젠테이션의 주제가 될 수 있다. 실제로 이런 소재는 스토리텔링으로 프레젠테이션 할 때 자주 사용된다. 실패의 경험, 실패를 통해 배운 것, 실패와 역경을 극복한 스토리는 잘 짜인 하나의 소설처럼 사람들을 매료시키기 때문이다.

2008년 미국 대선에서 버락 오바마Barack Obama의 슬로건이 '희망과 변화'였던 것도 이와 같은 맥락이다. '희망과 변화'는 사회, 정치, 종교를 포괄해 모든 종류의 대중운동에서 사용하는 핵심 슬로건이다. 그리고 이것이 바로 우리가 인간으로서 원하는 기본 욕구 중 네 번째에 해당하는 것이다. 청중의 마음을 훔치려면 그들이 현재 상황을 '적'으로 규정하고, 아직은 멀리 있지만 노력할 만한 가치가 있는 미래를 긍정적으로 바라볼 수 있게 해야 한다. 우리는 삶의 어느 시점에 문득 깨어나 존재의 덧없음이라는 채울 수 없는 간극 앞에 멈춰 서게 된다. 우리는 모두 다른 사람과는 다른 나만의 차별화된 삶을 원한다. 그렇다. 이들에게 이 넓은 우주 공간에 작은 흔적이라도 남길 방법을 알려주고 그들의 의지를 북돋워야 한다.

주제 선정에 접근하는 가장 좋은 방법은 전달하고자 하는 하나의 메시지를 선택하고, 메시지의 논리에 감성적 깊이를 더할 놀랄만한 경험을 머릿속에서 끄집어내는 것이다. 그러다 어느 순간 생각이 멈춰버리면 반대의 순서로 다시 생각해보라. 어떤 결과가 나올지는 아무도 모른다. 이때 핵심은, 이것을 아무리 강조해도 지나치지 않겠지만, 머릿속을 헤집기 전에 먼저 여러분 자신이 전달할 메시지의 핵심 아이디어를 분명히 파악하고 있어야 한다는 점이다. 연사들이 자주 범하는 가장 큰 실수 중 하나는 평생 배워야 할 교훈을 단 한 번의 프레젠테이션에서 모두 쏟아내려 한다는 점이다. 하나의 콘셉트에 집중하면 산발적으로 흩어진 자료와 생각을 모아 편집하기에도 훨씬 수월해진다. 아무리 좋은 콘셉트나 스토리가 있다 해도 전하고자 하는 메시지를 직접 뒷받침하지 못하는 것이라면 미련 없이 버려라.

메시지를 선정했다면 이제 청중이 쉽게 잊을 수 없을 만큼 강렬한 스토리를 어떻게 구현해낼지 고민할 차례다. 여러분이 선정한 핵심 메시지를 '어떻게 청중의 머릿속에 착착 감기는 또렷한 메시지로 전환할지' 다음 룰에서 자세히 살펴보자.

 Key Point

1 사람들이 가진 기존의 사고방식을 바꾸거나, 설득을 통해 행동으로 나서게 할 수 있는 하나의 놀라운 아이디어를 머릿속에서 끄집어내라.

2 스토리와 객관적 사실을 구조적으로 잘 버무려 청중 위주의 이야기로 만들어라.

3 소속감, 개인적인 이익, 자기계발, 미래에 대한 희망 등 인간의 4가지 기본 욕구에 스토리를 연계하라.

TED Tips

나만의 주제를
발굴하라.

TED 프레젠테이션의 슬로건은 'Ideas Worth Spreading'이다. 번역하면 '퍼뜨릴 가치가 있는 아이디어' 혹은 '나눌만한 가치가 있는 아이디어' 정도로 이해할 수 있는데, 나는 이 슬로건이 중의적인 의미를 가졌다고 생각한다. '퍼뜨릴 가치가 있는 아이디어' 혹은 '아이디어는 퍼뜨릴 가치가 있다', 이는 모든 아이디어는 나눌만한 가치가 있다는 의미이다. 실제로 TED 프레젠테이션은 기술Technology, 엔터테인먼트Entertainment, 디자인Design의 세 분야에서 지식을 나누는 컨퍼런스였다. 하지만 현재는 그 이상으로 훨씬 다양한 주제를 다루고 있다. 따라서 TED에서는 어떤 분야의 누구라도 그가 가진 지식, 경험, 가치관이 흥미롭고 청중의 삶과 연관 지어 감명을 줄 수 있다면 충분히 다룰만한 주제가 된다.

그렇다면 여러분에게 있어 다른 사람과 나눌만한 주제, 즉 아이디어는 무엇인가? 개개인 모두 특별한 이야기를 가지고 있겠지만, 중요한 점은 청중이 얼마나 이해할 수 있고 공감할 수 있느냐는 것이다. TED 프레젠테이션으로 지식을 이해시키는 것은 오히려 쉬운 일이다. 하지만, 직접 경험하지 않은 다른 사람의 경험을 말로만 듣고 같은 감동을 느끼게 하는 것은 쉬운 일이 아니다. 따라서 이런 경우라면 더욱 철저한 준비와 프레젠테이션 구상이 필요하다.

알렉스 호놀드Alex Honnold는 2018년 TED 강연 '내가 900미터 넘는 수직 절벽을 장비 없이 오른 비결How I climbed a 3,000 foot vertical cliff- without ropes'을 통해 청중의 극히 일부만 관심을 둘 만한 주제인 '암벽등반'을 '두려움'이라는 누구나 공감할 수 있는 감정으로 전환

해 풀어냈다. 그의 성공 비결은 혹독한 훈련, 지구력, 근력이 아
니라 정신력이라는 것이 핵심이었다.

암벽등반에는 관심이 없는 청중이더라도 그의 프레젠테이션
을 듣다보면 성공 과정에 필요한 두려움을 이겨내는 용기, 마인
드컨트롤, 열정에 관한 영감을 얻을 수 있다. "저는 그저 운 좋은
암벽 등반가가 되고 싶지 않았어요. 저는 대단한 암벽 등반가가
되고 싶었죠. 왜냐하면 운에 기대를 거는 삶을 살고 싶지는 않았
기 때문이지요." 이 대목에서 청중들은 '암벽 등반가' 대신, 자신
들이 맡은 책임 혹은 열정을 떠올렸을 것이다. 이처럼 자신만의
독특한 경험에서 누구나 공감할 수 있고 깨달음을 얻을 수 있는
요소를 찾아내야 한다.

'용기 있는 감정이 주는 선물과 힘The gift and power of emotional courage'
을 주제로 2017년 TED에서 강연한 수잔 데이비드Susan David 역시
지극히 개인적인 일을 사회적으로 풀어냈다. 그녀는 어린 시절
아버지가 돌아가셨을 때 슬픔에도 불구하고 늘 밝은 척했던 것
을 회상하며, 이 세상이 자연스러운 감정을 선과 악으로 구분한

다고 말했다. 그러면서 행복함과 강인함은 선한 것이고 슬프고 우울한 것은 악하다고 단정하는 세상에서 우리는 과연 얼마나 서로를 힘들게 하는지 묻는다. 그녀는 부모가 알게 모르게 자녀의 '악'한 감정을 억누르게 함으로써 자라나는 아이들이 감정을 제대로 표출하고 해소하지 못하는 부담을 갖게 된다고 했다. 여기서 우리는 이 책의 저자 제레미가 주제로 언급한 '기본 욕구'를 찾아볼 수 있다. '사랑과 소속감', 그중에서도 '가족과 반성'이 수잔의 프레젠테이션 주제였다. 그녀는 단순히 어린 시절의 아픈 기억과 그것을 이겨낸 자신의 성장 스토리를 나누는 것을 넘어 청중 모두가 자기 삶을 돌아보게 만들었다.

수잔의 프레젠테이션에서 또 하나 찾을 수 있는 팁이 있다. 그것은 작은 소재를 큰 주제로 바꿔 접근하는 전략이다. 그녀만의 이야기인 '아버지를 잃은 슬픔'을 우리 사회에 만연한 '감정 억제 현상'으로 확장한 것이다. 반대로 준비한 소재가 전혀 개인적이지 않다면 어떨까? 예를 들어, 과학 연구와 관련한 것이라면 그 속에서 개인적인 요소를 찾아내 파고들면 된다. 앞서 언급했던 알렉스가 '암벽등반'이라는 포괄적인 주제를 개인이 두려움을 이겨낸 과정으로 풀어냈듯 말이다.

  우리는 모두 특별한 스토리를 가지고 있다. 다만 이를 어떤 방식으로 풀어내는지가 관건이다. 이것은 결국 프레젠테이션에서 '듣는 사람이 내 이야기를 어떻게 받아들이는지'가 되므로, 내 스토리 안에서 보편적인 무언가를 찾아 연결해야 한다. 사소한 일화도 복잡한 지식도 상관없다. 나누고자 하는 주제에 관한 개인적인 깨달음, 혹은 그 이상의 무언가를 찾으면 된다. 그리고 청중이 어떻게 나의 열정과 가치관에 공감할 수 있을지 깊이 연구해야 한다. '내가 그의 이름을 불러주었을 때 그는 나에게로 와서 꽃이 되었다.' 김춘수 시인의 시 〈꽃〉의 일부다. 이것을 우리 프레젠테이션 스토리에 적용해야 한다. 스토리에 독특한 의미를 부여할 때, 비로소 스토리는 의미를 갖게 된다.

TED

명쾌한
핵심 메시지를
개발하라

사이먼 시넥Simon Sinek은 많은 사람의 공감을 불러일으킨 TED
의 명 연사 중 한 사람이다. 그는 TED 무대에 오르기 수년 전, 깜
짝 놀랄 만한 사실을 하나 발견했다. 성공하는 리더와 기업에는
한 가지 공통점이 있다는 점이다. 다행히도 그는 이 놀라운 사실
을 자기만의 것으로 꼭꼭 숨겨두지 않았다. 왜냐하면 그의 삶의
목적도 '다른 사람에게 영감을 불러일으켜 행동에 나서게 하는
것'이었기 때문이다. 사이먼 시넥이 TED를 통해 전 세계인과 함
께 공유한 성공의 비밀은 '골든 서클Golden Circle'이다.

한순간도 눈을 뗄 수 없는 그의 강렬한 프레젠테이션은 이렇

게 시작한다. "평범한 사람과 평범한 기업은 자신이 '무엇'을 하는지, '무엇'을 만드는지를 먼저 얘기하고, 나중에서야 그것을 '왜', '어떻게' 해냈는지를 이야기합니다. 그러나 다른 사람에게 영감을 주는 리더와 놀라운 성과를 올리는 기업은 자신들이 그 일을 '왜' 하는지를 먼저 말합니다. 이들에게 '무엇'을 하는지, '무엇'을 만드는지는 그리 중요하지 않습니다."

사이먼 시넥이 대표적인 사례로 든 기업은 애플Apple이다. 애플의 '왜'는 '사람들이 주어진 상황에 끊임없이 도전할 수 있도록 새로운 뭔가를 제공하는 것'이다. 그리고 '어떻게'는 '소비자들이 충분히 지불할 수 있는 적정한 가격으로 놀라운 디지털 세계를 경험하도록 돕는 것'이다. 그래서 애플이 하는 일은 단순하게 정의된다. '다양한 크기와 형태, 컬러를 가진 컴퓨터와 스마트폰을 개발하고, 생산하고, 공급하는 것'이 그것이다.

사이먼 시넥이 제시한 콘셉트는 기존에는 존재하지 않던 전혀 새로운 것은 아니었다. 수십 년 전, 한때 크게 유행했던 명문화Mission Statement 신드롬의 핵심이 이 콘셉트와 정확히 일치한다.

그러나 그는 과거에 주목받던 콘셉트에 새 생명을 불어넣어 신선한 스토리로 재탄생시켰고, 이 콘셉트로 전 세계 수백만 명의 사람에게 영감을 불러일으켰다. 오래전부터 존재하던 콘셉트를 '골든 서클'이라는 새롭고 멋진 콘셉트로 바꿔서 말이다. 그러나 '골든 서클'이라는 콘셉트가 놀라울 정도로 괜찮은 발상이지만, '골든 서클'이라는 단어만으로 입소문을 내기는 쉽지 않다. 누군가가 여러분에게 다가와 "비즈니스와 삶에서 성공하는 비결이 궁금한가요?"라고 묻는다면 아마도 귀가 솔깃해질 것이다. 곧이어 그 비결을 듣고 싶어 안달이 날지도 모른다. 들을 준비도 다 되었다. 그런데 그의 입에서 나온 대답이 "아주 간단합니다. 바로 골든 서클이죠."라고 했다고 생각해 보자. '그래서 뭐 어쨌다고?', 무척이나 실망스럽지 않겠는가? 그 어떤 부가적인 설명도 없이 들은 '골든 서클'이란 단어는 어떤 의미도 전달하지 못한다. 여러분의 생각을 바꿀 수도, 행동에 나서게 할 수도 없다.

그러나 사이먼 시넥에게는 마법 같은 트릭이 하나 더 있었다. '골든 서클'이라는 개념을 기억하기 쉽도록 단순명쾌한 캐치프레이즈로 바꾼 것이다. "왜라는 질문에서부터 시작하라.Start

With Why." 3개의 단어를 조합한 그의 캐치프레이즈 'Start With Why.'는 더 나은 삶을 위해 지금 당장 무엇을 해야 하는지 명쾌하게 설명해준다.

사이먼 시넥 뿐만 아니라 TED 연사들은 자신이 전하고자 하는 핵심 메시지를 강력한 호소력을 갖는 기본적인 문구, 즉 캐치프레이즈로 바꿔 청중의 머릿속에 각인될 때까지 몇 번이고 반복한다. 사이먼 시넥은 자신의 캐치프레이즈를 하나의 세트로 만들었다. "왜라는 질문에서부터 시작하라. Start With Why."에 더해 "사람들은 여러분의 제품을 구매하는 것이 아닙니다. 사람들은 그 제품을 만들게 된 이유를 구매합니다. People don't buy what you do, they buy why you do it."와 "당신이 믿는 것을 믿는 사람들과 함께 일하십시오. Work with people who believe what you believe."와 같은 것이 그것이다.

자, 그렇다면 근사한 캐치프레이즈는 어떻게 만들 수 있을까? 첫째, 짧고 간결해야 한다. 3개 단어의 조합이 가장 이상적이지만, 12개까지 늘리는 것도 상관없다. 오바마 대통령의 캐치프레이즈를 다시 한 번 살펴보자. 그의 캐치프레이즈는 마치 서로 연결되어 끈적끈적 달라붙어 있는 푸딩 같은 느낌이다. '희망과 변화', '이 법안을 통과시켜라', '기다릴 수만은 없다', '그래, 우리는 할 수 있다' 이제 좀 감이 잡힐 것이다.

캐치프레이즈의 두 번째 조건은 사람들을 행동에 나서게 할수 있는 분명한 이슈가 담겨야 한다는 것이다. "왜라는 질문에서부터 시작하라."가 가장 좋은 예이다. O. J. 심슨Orenthal James Simpson의 변론을 담당했던 변호사인 조니 코크런Johnny Cochran이 남긴 말도이와 비슷한 좋은 사례이다. "(그 장갑이) 맞지 않는다면, 무죄를 선고해야 합니다.If it doesn't fit, you must acquit." 코크런의 이 말은 15년이 지난 지금까지도 사람들의 머릿속에 또렷이 각인돼 있다. 법정의 배심원들에게 판결의 방향성을 제시한 코크런의 문구와 "사람들은 여러분의 제품을 구매하는 것이 아닙니다."라는 사이먼의 문구는 근사한 캐치프레이즈의 세 번째 조건, 즉 강력한 힘을 그대로 전달한다. 게다가 이 두 개의 캐치프레이즈는 운율이 담긴 음악적인 리듬으로 구성돼 있다. 그래서 기억하기 쉽다.

운율을 맞춘 캐치프레이즈를 제대로 만들려면 핵심적인 문법을 알고 적용할 필요가 있다. 그러나 굳이 그렇게 하지 않아도 된다. 운율을 포함하는 문구를 만들려면 연속되는 절의 첫 시작과 끝 부분에 반복적인 단어나 구문을 삽입하면 된다. 찰스 디킨스Charles Dickens의「두 도시 이야기Tale of Two Cities」도입부가 이런 운율의 반복으로 시작한다.

"최고의 시절이자, 최악의 시절이었다. 지혜의 시대이자, 어리석음의 시대였다. 믿음의 세기이자 의심의 세기였고, 빛의 계절이자 어둠의 계절이었다. 희망의 봄이면서 곧 절망의 겨울이었다. 우리 앞에 모든 것이 있었지만, 한편으로는 아무것도 없었다. 우리는 모두 천국으로 향하고 있었지만, 동시에 반대 방향으로 향하고 있었다. 말하자면 당시는 지금과 너무나도 비슷했다. 목소리를 높이던 정부 관료들조차 오직 극단적인 비교로 '선을 위해서냐, 아니면 악을 위해서냐'를 판단해야 한다고 주장했다."

따라서 운율에 지나치게 신경 쓸 필요는 없다. 그리고 대부분 사람은 첫 소절만 기억한다는 사실도 잊지 말기 바란다. "최고의 시절이자 최악의 시절이었다." 이 문구는 앞서 설명한

3~12자 법칙에 해당한다. 더 멋들어지게 만들고 싶다면 문구의 시작과 끝에 반복되는 단어를 넣는 심플로시Symploce를 시도해보라. 연속적인 절의 시작과 끝 부분에 다른 단어를 넣되 운율적으로 매치되는 단어를 반복적으로 사용하는 기법이다. 사이먼 시넥의 "사람들은 여러분의 제품을 구매하는 것이 아닙니다. 사람들은 그 제품을 만들게 된 이유를 구매합니다.People don't buy what you do, they buy why you do it."라는 근사한 캐치프레이즈의 네 번째 조건인 수사적 표현도 정확히 만족시킨다.

사이먼은 같은 구문의 서로 다른 부분에 동일한 단어를 반복적으로 사용했다. 이를 굳이 문법적 용어로 바꾼다면 '트라둑치오Traductio'라고 할 수 있다. 너무 어렵다고 생각된다면, 여러분이 할 수 있는 선에서 여러분의 캐치프레이즈에 운율을 포함하면 된다.

지금까지는 캐치프레이즈의 길이, 행동을 유발하는 방법, 음악적 운율 등에 관해 살펴보았다. 그러나 더욱 중요하고, 또 앞서 설명한 내용과 상호 연관된 캐치프레이즈의 특징이 2가지 더 있다. 캐치프레이즈의 문구를 두 부분으로 구성할 경우, 두 번째 문구에는 긍정적인 내용을, 첫 번째 문구에는 부정적인 내용을 담아 완벽한 대조를 이뤄야 한다는 것이다. "사람들은 여러분의 제품을 구매하는 것이 아닙니다."라는 부정형의 문장이 먼저 나오게 되면, "그렇다면 어떤 것을 구매하지?"라는 궁금증을 유발할 수 있다. 이때 "사람들은 그 제품을 만들게 된 이유를 구매합니다."라는 문장을 통해 즉각적으로 의미를 전달할 수 있다.

여기서 한 가지 간과하지 말아야 할 것은 대조되는 문구의 배치 방식이다. 입소문을 내는 캐치프레이즈를 만들기 위한 마지막 핵심이기도 하다. 누구나 흥얼거릴 수 있는 유행어처럼 문장의 마지막 부분에 강력한 호소력을 갖는 단어나 문구를 배치하면 된다. "(그 장갑이) 맞지 않는다면, 무죄를 선고해야 합니다."라는 문구는 매력적일 뿐만 아니라 흡입력도 강하다.

강력한 설득력이 있는 하나의 메시지를 근사한 캐치프레이즈로 전환할 수 있게 되면 여러분은 이미 명 연사 반열에 올라있을 것이다. 다음 룰부터는 프레젠테이션의 실전으로 들어가 보

자. 물론 여기에는 사회자가 여러분을 청중에게 소개하는 방법
도 포함되어 있다.

 Key Point

1 핵심 아이디어를 3~12개의 단어로 조합해 기억하기 쉬운 캐치프레이즈
로 만들어라.

2 캐치프레이즈는 청중의 행동을 촉발할 수 있는 내용을 담고, 쉽게 기억
될 수 있도록 운율을 사용하라.

3 프레젠테이션 중간 중간에 캐치프레이즈를 3번 이상 반복하라.

TED Tips

캐치프레이즈로
청중을 사로잡아라

　영화를 한 편 보더라도 유독 기억에 남는 문장이 있다. 천만이 넘는 관객이 본 영화에도 기억에 남는 대사는 정해져 있다. 그 대사가 주는 임팩트는 단순히 해당 장면을 연기한 배우의 뛰어난 표현력만으로 만들어지는 것은 아니다. 캐릭터의 성격과 처한 상황, 영화 전체의 흐름과 분위기를 아울러 함축하고 있기 때문에 영향력을 갖는 것이다. 캐치프레이즈의 개념 역시 이와 같다. 하고자 하는 말의 요지를 집약해 담고 있으면서도 문장 그 자체로 임팩트가 있어야 하는 것이 캐치프레이즈이다.

캐치프레이즈는 운율, 도치법, 상징, 비유 등 시적인 요소를 가지고 있다. 예를 들어, "훌륭한 팀을 만들기 위해 우리는 서로 협력하며, 공동체 의식을 가져야 하며, 이는 곧 개개인의 이익으로 이어집니다."라는 문장과 "모두가 한 사람을 위해, 한 사람은 모두를 위해All for one, one for all"라는 두 가지 중에서 무엇이 더 기억에 남는가? 후자는 대구법을 사용해 같은 형태의 문장을 두 번 반복해 운율을 형성했으며, 깊은 의미를 간결하고 함축적으로 표현했다. 이 캐치프레이즈는 셰익스피어의 시에 등장하며, 1844년 출판된 저명한 프랑스 작가 알렉상드르 뒤마의 작품 〈삼총사〉를 통해 소개되어 프랑스에서도 누구나 아는 캐치프레이즈가 되었다. 훗날 스위스 공익 캠페인의 문구로 쓰이기도 한 이 캐치프레이즈는 한 문장이 지닌 힘이 얼마나 대단한지 증명하였다.

단순하고 간결하지 않더라도 상징과 은유를 활용하면 기억에 오래 남는 캐치프레이즈를 만들 수 있다. 하버드 비즈니스 리뷰에 소개된 '누군가의 관심을 사로잡을 수 있는 7가지 방법'은 러시아 심리학자 블루마 자이가르닉Bluma Zeigarnik이 제시한 '자이가르닉 효과'를 설명한다. 자이가르닉 효과는 끝마치지 못한 일

PART I 콘텐츠, 스토리, 스토리의 구성

을 머릿속에서 쉽게 지우지 못하는 현상을 말하는데, 이를 활용해 캐치프레이즈를 만들 수 있다. 프레젠테이션이 이루어지는 중간 중간에 수수께끼 같은 말을 해 청중의 관심을 유도하는 방법이 그것이다. 특히, 청중의 집중도가 높은 프레젠테이션 초반에 이런 캐치프레이즈를 활용하면 효과적이다. 청중은 호기심이 자극되어 의미심장한 캐치프레이즈의 상징에 더욱 집중할 것이고, 곧 청중 스스로 그 의미를 생각하도록 만든다. 또한, 청중이 스스로 의미를 이해했을 때 얻게 되는 성취감은 캐치프레이즈를 더욱 각인시킨다.

2017년, '인류, 명예, 그리고 사랑에 대한 고찰Thoughts on humanity, fame and love'이라는 제목으로 TED에서 프레젠테이션 한 인도 영화배우 샤 룩 칸Shah Rukh Khan의 캐치프레이즈는 이러한 청중의 심리를 잘 활용했다. 그의 캐치프레이즈는 "Humanity is an aging movie star."이다. 인류를 '나이 들어가는 영화배우'로 비유한 것이 핵심인데, 이 키워드를 초반과 후반에 캐치프레이즈로 사용하면서 그 대상을 인류에서 청중으로 변화시켰다. 영화배우인 자신을 '자기애가 넘치는 사람'이라고 소개하며 인류가 자신을 닮았다고 장난스럽게 말문을 열지만, 그가 전하는 메시지는 '인류는 나이 들어가는 영화배우와 같다, 끊임없이 새로운 것에 적응하고, 옳은 길로 온 것인지 고민하고, 그러면서도 계속 빛나기 위해 노력해야 한다.'이다. 발표가 끝날 무렵에는 캐치프레이즈를 "미래의 당신이 나이 들어가는 영화배우와 같아야 한다."라고 청중의 변화를 유도하는 메시지로 변형시켰다. 그의 캐치프레이즈는 단번에 와 닿지는 않지만, 프레젠테이션이 진행될수록 청중을 사로잡는 메시지로 변해갔다.

문학적 기법을 사용하지 않더라도 어조와 위트로 임팩트를 남기는 캐치프레이즈도 있다. 2013년, 가장 많은 사람의 기억에 남는 프레젠테이션을 한 메이순 자이드Maysoon Zayid의 'If I can can, you can can.'이 그런 사례이다. 그녀의 캐치프레이즈는 '내가 하는 게 가능하면 당신이 하는 것도 가능하다'라는 의미가 담겼다. 대구법을 활용한 것 외에도 이 캐치프레이즈에는 그녀만의 위트가 돋보인다. 장애가 있는 자신에게 용기를 주기 위해 아버지가 어렸을 적 해준 말이 이것인데, 그녀는 아버지의 엉터리 영어를 그대로 가져다 썼다. 그녀는 이처럼 간결하면서도 위트 있고 의미가 명확한 말을 반복적으로 사용했다. 여기에 명령법까지 더해 관중에게 강하게 촉구하는 어조나 회유하는 어조를 더하면 호소력은 더욱 강력해진다.

같은 의미를 전달하더라도 장황하고 단조로운 문장이 아닌 핵심이 담긴 캐치프레이즈를 활용하면 그 효과가 배가된다. 여기에 운율과 상징, 적절한 어조를 추가해 청중 누군가에는 좌우명이 될 수 있는, 그야말로 인생을 바꾸는 문장이 탄생할 수 있다.

TED

프로필도
메시지에
연결하라

안타깝게도 TED 프레젠테이션 영상으로는 사회자가 연사를 어떻게 소개하는지 전혀 알 수가 없다. 게다가 TED에서 연사를 소개하는 방식에 관해서도 찾아볼 수 있는 자료가 거의 없다. 물론 연사에 대한 소개가 썩 좋지 않았다고 해서 좋은 내용의 프레젠테이션이 평가절하 되는 것은 아니지만, 1~2분의 연사 소개 시간은 프레젠테이션 시작 전에 플러스 점수를 얻고 들어갈 좋은 기회라는 사실은 분명하다.

통계학자인 한스 로슬링Hans Rosling의 프레젠테이션은 가장 많은 조회 수를 기록한 TED 프레젠테이션 중 하나이다. 그는 누구나 지루하다고 느낄 만한 공공보건 데이터를 주제로 다루었는데, 데이터에 생명력을 불어넣어 청중을 매료시켰다. 그의 핵심 메시지는 '공공보건 데이터와 분석 툴을 자유롭게 공유할 수 있게 되면 전 세계의 보건 수준을 대폭 향상시킬 수 있다.'는 것이었다. 이처럼 혁신적인 그의 프레젠테이션을 한순간에 지루하고 재미없게 만들어버리는 간단한 방법이 하나 있다. 그가 연단에 오르기 전, 사회자가 이렇게 소개하면 된다.

"신사숙녀 여러분, 오늘 이 자리에서 스톡홀름 카롤린스카 Karolinska 의과대학 교수이신 한스 로슬링 박사를 소개하게 된 것을 무척이나 영광스럽게 생각합니다. 로슬링 교수는 대학에서 통계학과 의학을 공부했고, 1976년 의사 자격증을 취득했습니다. 또 1986년에는 마비성 질환인 콘조Konzo에 관한 획기적인 연구로 웁살라대학교Uppsala University에서 박사학위를 받았습니다. 인류 발전을 위해 연구한 공로로 2010년 개넌 어워드Gannon Award를 수상한 것을 비롯해 10개 이상의 권위 있는 상도 받았습니다. 2011년에는 「패스트 컴퍼니 매거진Fast Company Magazine」이 선정한 가장 창의적인 인물 100인에 선정됐고, 스위스 왕립공학 아카데미 위원으로도 선임됐습니다. 학자로서 놀랄 만한 업적도 업적이지만, 로슬링 교수는 칼을 삼키는 곡예사로도 유명한 인물입니다. 여러분, 두 손을 모아 한스 로슬링 박사를 따뜻하게 맞아주시기 바랍니다."

※ 이 내용은 위키백과에 공개된 정보를 활용해 내가 재구성한 소개문이다.

사실 몇 가지 이력이 더 추가될 수도 있을 것이다. 하지만 이런 소개문을 쓰고 있자니 내 자신도 무척이나 따분하고 지루하기 짝이 없다. 잠이 오지 않아 뒤척일 때 꺼내 읽으면 아주 좋은 불면증 치료제가 될 것 같다. 이런 소개와 달리 연사를 제대로, 잘 소개하는 방법은 프레젠테이션의 핵심 메시지와 관련이 있는 프로필에 집중하는 것이다. 청중에게 필요한 이력이나 경력을 선택하면 굳이 여러 가지 이력을 줄줄이 나열하지 않고도 연사에 대한 신뢰도를 충분히 높일 수 있다.

프레젠테이션을 돋보이게 하는 연사 소개의 첫 번째 핵심은 연사가 전달할 핵심 메시지와 관련이 있는 프로필로 범위를 한정하는 것이다. 한스 로슬링 박사는 '공공보건 데이터베이스를

PART I 콘텐츠, 스토리, 스토리의 구성

자유롭게 공유하자.'라는 메시지를 영향력 있는 청중에게 전달함으로써 이를 광범위하게 확산시키기 위해 TED 연단에 섰다. 희귀 질환에 관한 연구로 웁살라대학교에서 1986년에 박사학위를 취득했다는 사실은 분명 존경할 만하고 놀라운 이력이기도 하지만, TED 프레젠테이션에서 전달할 핵심 메시지와는 직접적인 관련이 없다. 따라서 한스 로슬링 박사의 메시지에 초점을 맞춰 그를 소개한다면, 현재 아시아, 아프리카, 중동, 라틴아메리카의 대학들과 공동으로 공공보건 연구를 진행 중인 카롤린스카 국제리서치 및 트레이닝위원회의 회장이라는 점을 부각시키는 것이 좋다. 이를 통해 무대에 나올 연사가 글로벌 파트너십을 기반으로 세계의 공공보건 향상에 많은 열정을 쏟고 있는 인물이라는 점을 암시할 수 있기 때문이다. 자연스럽게 프레젠테이션 내용에 대한 청중의 흥미도 유발할 수 있다.

위의 가상 소개문의 가장 큰 단점은 무대에 설 연사의 '프레젠테이션을 통해 청중이 무엇을 얻을 수 있는지'에 관한 내용이 빠져 있다는 점이다. TED 프레젠테이션에 참석하는 청중은 자신의 시간과 노력을 투자해 강연에 참석한 사람들이다. 적절한 보상이 없다면, 즉 얻어갈 것이 없다면 굳이 몇 시간씩 잘 알지도 못하는 내용의 프레젠테이션을 들을 이유가 없다. 연사를 소개하는 가장 좋은 방법은 청중이 프레젠테이션에서 무엇을 얻어갈 수 있는지 힌트를 주되, 프레젠테이션의 내용을 지나치게 많이 공개하지는 않는 것이다.

연사 소개를 이렇게 하는 것도 청중의 관심을 유발할 수 있는 한 가지 방법이다. "한스 로슬링 박사의 프레젠테이션이 끝날 때쯤이면 이 자리에 계신 여러분도 글로벌 보건 데이터를 공유하는 것이 어떻게 여러분과 여러분 자녀, 그리고 77억 명에 달하는 전 세계인의 삶의 질을 향상시킬지 충분히 느끼게 될 것입니다." 소개 방식을 약간만 바꿨을 뿐이지만, 청중에게는 이제 한스 로슬링 박사의 프레젠테이션을 경청할 충분한 이유가 생겼다.

사회자의 역할은 연사를 초인적 존재로 미화하는 것이 아니라, 연사의 신뢰도를 청중에게 심어주는 것이다. 대부분 사람은 권위 있는 전문가에게 존경심을 표한다. 하지만 신뢰는 존경심과는 전혀 다른 차원의 문제이다. 사람들이 신뢰를 보내는 대상은 저 높은 곳에 존재하는 누군가가 아니라, 자신과 비슷하다고 생각되는 또 다른 누군가이다. 자신과 마찬가지로 처음에는 회의적이었지만 차츰 변화를 수용하고 이를 통해 성공에 이른 사람들, 청중은 이런 사람들에게 영감을 받아 자기 생각을 바꾸고, 그것을 행동으로 옮기기를 원한다.

앞서 한스 로슬링 박사에 대한 가상 소개문의 두 번째 문제는 그를 대단한 천재로 묘사하고 있다는 점이다. 물론 로슬링 박사는 통계학자이자 의사이고, 전염병학자이기도 하며, 수없이 많은 업적을 쌓은 훌륭한 인물이다. 그러나 위대한 업적을 중심으로 구성된 그의 소개를 듣는 청중이라면, "음, 한스 로슬링 박사는 정말 대단하구나. 하지만 나는 그와 전혀 달라. 한스 로슬링 박사처럼 화려한 업적도 없고, 학력도 훨씬 낮잖아? 그는 나와 전혀 다른 차원의 인물이네."라고 생각할 것이다. 이런 거리감을 없애고, 동시에 연사에 대한 신뢰까지 심어주려면 "로슬링 박사는 카롤린스카 의과대학 국제보건 교수이며, 현재 공공 보건에 관한 글로벌 논의를 확대하는 데 중요한 역할을 하고 있습니다."라고 하면 충분하다. 연사에 대한 신뢰도도 높이고, 동시에 프레젠테이션 주제에 대해서도 직접 언급할 수 있는 좋은 방법이다. 마지막으로 '칼을 삼키는 곡예사'라는 표현은 좋은 의사라는 점을 강조하기 위한 것이지만, 프레젠테이션의 주제와는 직접적인 관련이 없는 쓸모없는 수사일 뿐이다.

프레젠테이션에 앞서 연사를 소개하는 사회자 대부분은 연사에 관해 잘 알지 못하는 경우가 대부분이다. 그래서 연사는 간단한 프로필을 작성해 사회자에게 제공한다. 이때 사회자는 앞서 언급한 것처럼 프레젠테이션의 핵심 내용 전달, 주제와의 연관성을 극대화할 수 있는 핵심 이력 표현, 일반적인 인적 정보의 최소화라는 3가지 원칙만 지키면 된다. 또한, 서면으로 프로필을 제공하는 경우에는 사회자가 내용을 충분히 검토할 수 있도록 시간을 주고, 본격적인 소개에 앞서 한두 번 정도 가볍게 리허설을 하도록 하는 것이 좋다. 프레젠테이션에서 사회자가 연사 소개 부분은 리허설을 하지 않는 경우가 많은데, 이렇게 되면 자칫 지루한 연사 소개가 될 수도 있으니 꼭 염두에 두기 바란다.

사회자가 연사에 대해 아무런 정보를 갖고 있지 않을 때 완전히 정반대의 놀라운 상황이 발생하는 일도 있다. 예상치 못한 상황이 마법처럼 펼쳐지는 것이다. 이를 나도 직접 경험했다. 기업가를 대상으로 하는 멘토링 그룹인 스타브업스StarveUps 회원 여덟명이 내게 포틀랜드에서 프레젠테이션을 해달라고 요청했다. 당시 프레젠테이션의 주제는 '작은 기업이 큰 기업과의 협상에서 성공하는 프레젠테이션의 비밀'이었다. 연단에 오르기 직전, 사회자인 존 프리스가 다가오더니 내 프로필을 제대로 살펴보지 못했다고 실토했다. 그 역시 바쁜 사업가였는데, 시간을 쪼개 이날 사회를 맡은 것이었다. 종이에 적은 프로필을 건네주자 한 번 쓱 훑어보고는 꼬깃꼬깃 구겨 주머니에 넣으면서 "저를 한 번 믿어보세요."라고 하는 것이었다. 걱정이 된 나의 혈압이 급상승했음은 말할 것도 없다. 연단에 오른 존 프리스는 자신이 투자자, 파트너, 고객들을 설득하느라 얼마나 고군분투하고 있는지에 대한 이야기로 사회를 시작했다. 그리고는 나를 알게 된 경위를 간단히 설명하고, "오늘 프레젠테이션 하실 연사는 자신이 만나는 모든 사람에게 어떻게 하면 좋은 커뮤니케이터가 될 수 있는지를 전파하느라 쉴 새 없이 노력하는 열정적인 분이십니다."라고 소개했다. 이보다 더 훌륭한 소개가 또 있을까?

사회자에게 제공할 프로필을 작성할 때 마지막으로 고려해야 할 점은 프로필에 담긴 콘텐츠가 프레젠테이션의 분위기와도 잘 어울리도록 해야 한다는 점이다. 한스 로슬링 박사를 소개하는 사회자라면 코믹한 멘트로 그를 소개하지는 않을 것이다. 하지만 재미있는 프레젠테이션을 준비한 연사를 소개한다면 분위기를 띄우는 차원에서 코믹한 멘트를 활용하는 것도 괜찮다. 연사를 소개하는 내용과 프레젠테이션 메시지의 매칭은 프레젠테이션 본론에서 다루게 될 내용에 대한 청중의 기대감을 높이는 데도 크게 도움이 될 수 있다.

이제 사회자가 박수를 치며 연사를 초청해 악수를 청하는 순간, 여러분의 프레젠테이션은 이미 시작됐다. 다음 룰에서는 인상적인 오프닝 멘트를 어떻게 할지 함께 고민해보자.

Key Point

1 프레젠테이션의 '핵심 메시지와 관련이 있는 내용'으로 1~2분 분량의 프
로필을 작성해 사회자에게 전달하라.

2 연사 소개 프로필에는 오늘 프레젠테이션의 적임자가 '왜 나인지' 충분한
이유를 설명하라.

3 초인적 존재가 아니라 청중이 '신뢰할 수 있는 친근한 연사'로 느껴지도
록 프로필을 작성하라.

TED Tips

나의 첫인상은
소개에서 시작된다

강연에서 가장 중요한 요소인 콘텐츠에만 집중하다 보면 주변을 둘러싼 작은 디테일을 놓칠 때가 있다. 대표적으로는 강연장의 여러 가지 시설과 설비를 사전에 점검하는 일, 그리고 흔히 손 밖의 일이라고 착각하는 강연자인 나에 대한 소개가 있다. 강연장의 시설 점검과 설비에 관해서는 나중에 다뤄보도록 하고 사회자가 연사인 나를 어떻게 소개하는 것이 가장 나를 잘 드러내는 것인지에 관해 먼저 고민해보자.

청중들은 TED 프레젠테이션을 기발한 아이디어와 놀라운 생각을 나누는 자리라고 생각하므로 연사는 그들에게 누구보다 특별한 존재이다. 그런 개성과 특별함을 평범하고 일상적인 이름, 직업, 경력 등과 같은 형식적인 틀에 맞춰 소개하는 것은 하지 않고 넘어가는 것만 못하다. 형식적이고 지루한 소개 때문에 연사는 무대에 오른 이후 청중들에게 친근감을 형성하기 위해 배로 노력해야할 수도 있기 때문이다. 그래서 프레젠테이션이 시작되는 지점은 연사의 첫마디가 아닌 사회자의 소개라는 점을 명심하고 자신이 어떻게 소개되는 지에 관심을 두어야 한다.

가장 훌륭한 소개는 청중들에게 연사만이 전할 수 있는 메시지를 암시하여 전하는 것이다. 흔한 주제를 선택했더라도 연사가 가진 특별한 관점을 보여주는 것이다. '취미생활이 스트레스 해소에 미치는 긍정적인 영향'에 관해 프레젠테이션을 한다고 가정할 때, '의대 졸업', '20년 경력', '대형병원 병원장'으로 연사를 소개한다면 어떨까? 이렇게 소개하면 연사에 관한 정보는 많이 담았지만, 이미 청중들이 검색만으로도 알 수 있는 가장 흔한 정보만 담겼다. 하지만 '20년째 환자들을 진료하고 있는 의사가 6집 가수가 될 수 있었던 비결'을 소개한다고 말한다면 어떤가? 연사의 경력과 직업을 밝히면서도, 직접 본인이 직업 스트레스를 '노래'라는 취미생활로 해소하는 놀라운 인물이며, 직업과 취미생활이 어떻게 조화를 이룰 수 있는지 청중들이 기대하도록 만든다. 그리고 노래하는 의사라는 연사의 스토리가 궁금해질 것이다.

TED 연사들은 평범한 자기소개에 항상 개성을 더하는 것을 볼 수 있다. 켈리 맥고니걸Kelly McGonigal은 자기소개를 프레젠테이션 내용과 자연스럽게 연결시켜 녹여냈다. 그녀는 2013년 TED에서 '스트레스를 친구로 만드는 법How to make stress your friend'이라는 제목으로 스트레스에 관한 오해에 관해 강연했는데, '사람들은 스트레스 때문에 병드는 것이 아니라, 스트레스를 두려워하는 마음 때문에 힘든 것'이라는 메시지를 전했다. 삶에 봉착한 난관 자체가 해로운 것이 아니라, 그것을 이겨내지 못할 것이라는 걱정이 해롭다는 '마음가짐의 차이'를 강조했다.

그녀는 고백할 것이 있다는 말로 시작했다. 그리고는 자신이 사람들을 더 건강하고 행복하게 만드는 소명을 가진 심리학자이며, 지난 10년간 스트레스에 관해 잘못된 견해를 전하는 바람에 사람들을 더 힘들게 한 것 같다고 고백했다. 환자들에게 '스트레스는 만병의 근원이므로 피하라'는 말을 해온 것을 후회한다는 말이었다. 이렇게 그녀는 본인이 이야기하고자 하는 주제에 꼭 맞고 자연스러우면서도 자신을 적절히 소개할 오프닝을 만들었다. 처음 만나는 청중을 대상으로 난데없이 고백할 것이 있다며 고해성사라도 할 것 같은 분위기를 만들어 이목을 끈 뒤, 자신이 뭔가를 10년간이나 잘못해오고 있었다는 이야기를 하니 청중은 자연스럽게 그녀의 이야기에 빠져들 수밖에 없게 됐다. 자신에 대한 소개, 강연에 대한 실마리, 그리고 청중과의 친밀감 형성이라는 세 마리 토끼를 다 잡은 훌륭한 소개라고 할 수 있다.

켈리가 자신의 실수를 언급하며 청중에게 친근하게 다가갔듯, 자신을 소개하는 시점에서 또 하나 중요한 것은 공감대를 형성하는 일이다. 2016년에 TED에서 팀 어반Tim Urban은 자신도 청중과 같은 평범한 사람이라는 것을 강조한 자기소개를 했다.

가장 유명한 인터넷 작가 중 한 사람인 그는 자신을 '그저 뭐 작가 겸 블로거인 사람'이라고 소개했다. 그러면서 대부분의 사람이 공감할만한 강연 주제를 언급했다. 그 주제는 '미루는 습관'이었다. 계획은 조금씩 미리미리 할 것처럼 세우지만, 결국에는 마지막 순간까지 미루고 마는 본인의 모습, 미리 일을 시작하려고 할 때면 갑자기 방 정리가 하고 싶어지는 심리를 공개하며 청중의 공감을 얻었다. 청중은 그를 '대단한 작가나 TED 연사'가 아닌, 나와 똑같거나 최소한 비슷한 사람으로 인식하며 호감을 갖게 되었다. 이렇게 그는 '신뢰할 수 있는 친근한 연사'가 되었다.

TED 연사들에게는 공통의 한 가지 특징이 있다. 대단한 사람일수록 자기소개는 짧고 간결하고 소탈하다는 것이다. 누군가의 앞에 설 여러분들이라면 이미 세상에는 많은 것을 이룬 대단한 사람이 많다는 것도 염두에 두어야 한다. 나를 드러내기보다 내가 청중과 같은 사람이고 같이 호흡하는 사람이라는 점을 빠른 시간 안에 알려야 한다. 자기소개는 강연과 관련 있는 내용을 중심으로, 자연스럽고 간결하게 하는 것이 좋다. 결국 청중들이 호감을 갖고 마음을 여는 연사는 친근하고 신뢰할 수 있는, 그리고 공감할 수 있는 사람이다.

TED

오프닝이
분위기를
지배한다

문학작품과 시에서의 문장 구조는 제약 조건이 아니라, 창의성을 자유롭게 발현할 힘으로 간주한다. 이는 일본의 전통 단시인 하이쿠나 고전적인 시 형식인 소네트의 짧은 압운에서도 발견할 수 있으며, 이는 문장에 무한한 아름다움을 더해주고 변화를 가져다준다. 나는 하이쿠나 소네트의 운율이 프레젠테이션에서도 마찬가지 효과를 발휘한다고 생각한다. 프레젠테이션의 프레임은 크게 오프닝, 본론, 결론으로 구성된다. 그리고 프레젠테이션은 아무것도 없는 하얀 도화지에 연사가 이 프레임을 활용해 자신만의 창의성을 자유롭게 표현하는 퍼포먼스이다.

프레젠테이션의 시작을 알리는 오프닝 멘트는 여러 가지 방식으로 할 수 있다. 그러나 나는 강렬한 오프닝 멘트로 청중을 단숨에 사로잡은 TED 프레젠테이션의 3가지 유형을 중심으로 이를 자세히 설명하고자 한다. 청중과 교감을 형성하는 데 있어 가장 중요한 시간은 연단에 오른 후 첫 10~20초 정도이다. 이 짧은 시간에 청중을 사로잡지 못하면 청중은 프레젠테이션 내내 '오늘 식료품점에 들러 뭘 살까?', '내일은 뭘 입고 나가지?'와 같은 다른 생각을 하며 시간을 보낼 것이다. 이렇게 되면 연사만 손해다. 그래서 은연중이든 직접적이든 10~20초의 짧은 시간 안에 청중이 프레젠테이션에 집중해야 하는 충분한 동인을 제공해야 한다. 이것이 핵심이다.

거의 실패하지 않는, 성공 확률 100%의 오프닝 멘트는 사적인 이야기로 시작하는 것이다. 이후 다룰 룰에서 스토리텔링에 대해서 더 심도 있게 다루겠지만, 그에 앞서 반드시 기억해두어야 할 몇 가지가 있다. 첫째, 여기서 말하는 사적인 이야기란 개인의 신변잡기를 말하는 게 아니라는 것이다. 여러분만의 이야기를 꺼내고, 여러분이 느낀 감정을 청중과 교류하라는 것이다.

다른 사람을 여러분의 스토리에서 영웅으로 만들 수 있는 아주 좋은 방법이 이것이다. 둘째, 프레젠테이션의 본론에서 다룰 핵심 메시지와 직접 연관된 내용이어야 한다는 점이다. 프레젠테이션에서 전달할 메시지가 '노숙자들에게 관심을 두고 자발적으로 도와주세요.'라는 것이라면, '여러분이 키우는 애완견이 '당신을 사랑해요.'라는 표현을 어떻게 하는지'와 같은 오프닝은 적절하지 않다. 세 번째와 네 번째, 그리고 다섯 번째는 풍부한 감성이 담긴 감각적 스토리를 만들고, 대화를 다양하게 활용하라는 것이다. 스토리를 만들 때는 청중이 충분히 공감할 수 있도록 구체적인 내용을 담아야 한다.

TED 프레젠테이션에서 사적인 이야기로 시작하는 오프닝 멘트가 얼마나 강력한 힘을 발휘하는지를 잘 보여준 사례는 성공스토리 전문가인 리처드 세인트 존Richard St. John의 프레젠테이션이다.

"오늘 제가 말씀드릴 내용은 실제로 고등학교 학생들에게 하는 2시간짜리 프레젠테이션입니다. 물론 3분으로 압축한 것이죠. 7년 전 어느 날이었습니다. 그날 나는 TED 프레젠테이션에 참석하러 가려고 비행기에 탑승해 있었습니다. 제 옆자리에 한 10대 여고생이 앉았는데 얘기를 들어보니 매우 가난한 집안의 학생이더군요. 그 여학생은 자신의 삶을 바꾸고 싶어 했고, 그에 관해 제게 몇 가지를 물었습니다. '어떻게 해야 성공할 수 있죠?' 사실 그 질문에 저는 기분이 약간 상했습니다. 아무런 답변도 할 수가 없었거든요. 그러고 나서 비행기에서 내려 곧바로 TED 강연장으로 향했습니다. 아, 그런데 그때야 생각이 나더군요. '지금 내가 와있는 바로 이곳, TED 강연장을 꽉 메운 청중이야말로 성공한 사람들이 아닌가! 강연장에 오신 분들에게 물어본 다음 그 아이에게 대답해 주었으면 될 것을."

비행기에 앉아 있는 모습이 머릿속에 그려졌나요? 가난한 집안에서 자란 10대 여고생이 리처드에게 성공의 비밀을 물었을 때, 여러분도 귀를 쫑긋 세우지는 않았나요? 여고생에게 아무런 답변을 하지 못한 데 대한 리처드의 낙담, 그리고 앞으로 아이들에게 도움을 주고 싶어 하는 그의 열정이 느껴지지 않았나요? 한 가지 더, 너무 많이 나간 것일 수도 있겠지만, 여러분도 리처드가 과연 어떤 성공의 비결을 오늘 이 자리에서 공개할지 궁금해지지 않았나요? 리처드의 성공 비결이 궁금하다면, 오늘이라도 TED에서 그의 프레젠테이션 영상을 찾아보기 바란다. 왜냐하면, 여러분이 즐거운 상상을 할 기회를 굳이 뺏고 싶지는 않으니까 말이다. 그러나 이 정도 내용만으로도 리처드가 어떻게 사적인 내용의 오프닝 멘트로 청중을 사로잡았는지 충분히 이해할 수 있었을 것이다.

일반적인 TED 프레젠테이션은 18분 내외지만, 리처드의 프레젠테이션은 불과 3분짜리였다는 점도 기억하기 바란다. 그에게 시간을 더 줬다면 아마 더 구체적인 내용으로 오프닝 멘트를 풍부하게 꾸몄을 것이다. 여학생의 이름은 무엇이고, 어떻게 생겼으며, 굉음 같은 비행기 엔진 소리를 뒤로 하고 대화하는 분위기는 어땠는지, 그리고 일등석에서부터 퍼져 나오는 신선한 초콜릿 쿠키의 달콤한 향이 얼마나 코를 감질나게 했는지도 말이다. 또 동행인도 없이 홀로 비행기에 오른 10대 소녀와 40대 비즈니스맨 간의 어색한 대화는 어떻게 시작됐을지 충분히 상상하고 머릿속에 그림을 그릴 수 있도록 했을 것이다. 그러나 주어진

시간 내에 어느 정도까지 구체적인 이야기를 풀어놓을지는 오프
닝 멘트를 준비할 때 고민해야 할 과제이다.

지금부터 소개할 두 가지 사례는 강렬한 인상을 주는 오프닝
멘트로 효과를 극대화할 방법이다. 첫 번째 사례는 정해진 순
서 없이 충격적인 사실을 툭 던지듯 폭로하는 방식이다. 충격적
인 사실에는 대체로 통계수치가 등장하고, 이런 수치는 기존 상
식에 반하는 강력한 메시지를 전달할 수 있다. 여기서 중요하게
짚고 넘어가야 할 점은 이런 방식의 오프닝 멘트를 계획했다면
청중의 감성을 자극해야 한다는 점이다. 연사가 '무엇'이라는 화
두를 던졌다면 청중은 '왜, 어떻게, 언제, 어디서'라는 궁금증을
연쇄적으로 떠올리도록 만들어야 한다. 유명한 요리사이자 아
동 영양 옹호자인 제이미 올리버Jamie Oliver의 TED 프레젠테이션
오프닝은 정확히 이런 방식이었다. 그의 오프닝 멘트를 잠깐 살
펴보자.

"슬프고 안타까운 일이지만, 앞으로 제가 이야기할 18분 이
내에, 지금 이 순간까지 아직 살아있는 4명의 미국인이 죽게 될

것입니다. 그들이 먹는 음식 때문이지요. 제 이름은 제이미 올리버이고, 나이는 서른넷입니다. 영국 에식스_{Essex} 출신이고, 지난 7년여 동안 제 나름의 방식대로 생명을 구하기 위해 지칠 줄 모르게 열심히 노력해 왔습니다. 하지만 저는 의사가 아닌 요리사입니다. 따라서 값비싼 장비나 의약품 같은 것은 갖고 있지 않습니다. 저의 유일한 도구는 정보와 교육입니다. 저는 음식이 가진 힘에 대한 확고한 믿음이 있습니다. 음식이 가정의 근본이고, 우리 삶의 최고의 순간을 누리게 해준다는 믿음 말입니다."

요리사 제이미 올리버는 지금 이 순간에 무슨 일이 벌어지고 있는지를 오프닝 멘트로 사용해 청중을 완전히 몰입시켰다. 우리가 먹는 음식 때문에 우리 중 누군가가 죽어나가고 있다는 충격적인 사실 말이다. 그리고 이 일이 지구 반대편 개발도상국 어딘가가 아니라 바로 우리가 발 딛고 서 있는 이 땅에서 계속되고 있다니 이 얼마나 놀라운 일인가? 이 이야기를 들은 청중도 '자신이 과연 점심때까지 살아있을 수 있을까?' 하는 의구심을 갖게 되지는 않았을까? 충분히 깊이가 있으면서도 청중과 직접 관련이 있는 충격적인 통계수치가 보여주는 강력한 힘이다.

앞서 언급한 인간의 4가지 기본 욕구를 다시 한 번 떠올려보자. 육체적 만족과 운동, 사랑과 소속감, 갈망과 개인적인 이익, 더 나은 미래에 대한 희망. 제이미 올리버는 지극히 원초적인 부분인 삶과 죽음의 문제를 건드렸다. 이런 일은 왜 벌어지는 것이며, 삶을 유지하려면 어떻게 해야 하는지, 청중의 궁금증을 유발함으로써 자신의 이야기에 귀를 기울이게 했다.

도발적인 질문으로 오프닝 멘트를 시작하는 것도 좋은 방법이다. 언뜻 생각하기에는 통계수치를 활용하는 위의 사례와 비슷해 보이지만, 연사가 원하는 답을 청중이 생각하도록 유도한다는 점에서 좀 더 명쾌한 방법이라고 할 수 있다. 예를 들어, 제이미 올리버의 오프닝을 "여러분과 같은 보통의 미국사람 320명이 왜 먹는 음식 때문에 매일 죽어나가고 있을까요?"라는 질문으로 바꾸어 시작하는 것이다.

도발적인 질문을 오프닝 멘트로 사용할 생각이라면 '왜'로 시작하는 질문과 '어떻게'로 시작하는 질문 두 가지를 추천한다. 두 가지 중에서도 지금까지 가장 효과적인 방법으로 간주하는 것은

'왜'로 시작하는 질문이다. 우리 주변을 둘러싸고 있는 세계에 대해 자연스럽게 궁금증을 유발할 수 있기 때문이다. 사람들은 어떤 일이 왜 벌어지는지 이해하게 되면, '어떻게 해야 개선할 수 있지?', '어떻게 해야 안 좋은 상황을 예방할 수 있지?'와 같은 해결방안에 대해서도 고민하기 시작한다. '왜'로 시작하는 질문이 암시적인 내용이거나 쉽게 이해하기 어려운 것이라면, '어떻게'로 시작하는 질문도 괜찮다. 제이미 올리버의 메시지를 다시 한번 생각해보자. 오프닝 멘트를 이렇게 시작할 수도 있을 것이다. "여러분이 먹는 음식이 여러분을 죽음으로 몰아넣고 있습니다. 이 상황을 어떻게 막을 수 있을까요?"

제이미 올리버의 프레젠테이션을 '왜'와 '어떻게'라는 질문으로 재구성해본 사례에서 여러분은 아마도 내가 '여러분'이라는 단어를 몇 차례 의도적으로 사용했다는 사실을 눈치 챘을 것이다. '여러분'이라는 마법의 단어에는 듣는 사람에게 자신의 내면을 들여다보도록 하는 놀라운 힘이 있다. 이 단어 하나만으로도 '좋은 질문'을 '매우 효과적인 질문'으로 탈바꿈시킬 수 있다. 여러분도 청중이 자신에 관해, 그리고 자신이 속한 세계에 관해 생각해보기를 바라지 않는가?

사이먼 시넥의 오프닝 멘트는 내가 접한 TED 프레젠테이션 중 도발적인 질문을 가장 효과적으로 활용한 사례이다. '다른 사람에게 영감을 주는 리더, 혹은 효과적인 기업으로 성장하려면 어떻게 해야 하는지'를 주제로 한 그의 프레젠테이션 오프닝 멘트를 살펴보자.

"생각했던 대로 일이 잘 풀리지 않는다면 여러분은 그것을 어떻게 설명하시겠습니까? 모두의 예상을 뒤엎고 모두가 안 된다고 했던 일을 누군가 해낸다면 여러분은 그것을 어떻게 설명하시겠습니까? 사례를 하나 들어보죠. 애플은 왜 혁신적인 기업입니까? 몇 년 동안이나 애플은 그 누구보다 뛰어난 혁신적인 기업이었습니다. 그러나 애플은 여전히 컴퓨터를 만드는 기업일 뿐입니다. 다른 기업과 다르지 않습니다. 애플에서 일하는 사람도, 대리점도, 컨설턴트도, 미디어도 모두 다른 기업과 똑같습니다. 그런데 왜 애플은 다를까요? 왜 마틴 루서 킹Martin Luther King이 시민운동을 이끌었을까요? 시민권이 확보되기 이전의 미국인들은 킹 목사뿐 아니라 모든 사람이 고통 받고 있었습니다. 그렇다고 그가 당대 최고의 연설가도 아니었습니다. 그런데 왜 하필 킹목사였을까요? 라이트 형제Wright Brothers는 왜 제어장치가 달린 유인 비행기를 발명했을까요? 라이트 형제 말고도 능력이나 자금면에서 훨씬 뛰어난 팀이 많았는데도 말이죠. 여기에는 무언가 비밀이 숨겨져 있습니다."

사이먼 시넥처럼 여러 개의 질문이 아니라 단 하나의 질문으로 시작해도 상관없다. 그러나 사이먼 시넥은 '왜'로 시작되는 질문을 폭탄처럼 쏟아 부었다. 최고의 효과를 얻을 수 있는 접근방식이지만 여기에는 세심한 주의가 요구된다. 오프닝 멘트로 연속적인 질문을 던질 때는 그 답이 하나로 귀결되어야 한다. 사이먼은 마치 성냥개비와 다이너마이트를 갖고 놀듯이 '어떻게'와 '왜'를 적절히 섞기까지 했다. 그러나 그가 던진 '어떻게'와 '왜'의 답은 모두 하나로 귀결된다. 만약 내가 "하늘은 왜 파란가요?", "구르는 돌에는 왜 이끼가 끼지 않을까요?", "코끼리는 왜 쥐를 무서워할까요?"라는 질문을 던진다면 여러분은 무척 당황스럽지 않겠는가?

지금까지 TED 프레젠테이션 중 가장 효과적인 오프닝 멘트 3가지 형식을 살펴보았다. 사적인 이야기, 충격적인 사실의 폭로, 도발적인 질문이 그것이다. 자, 이제 한 발 더 나가 사전 오프닝Pre-openings과 사후 오프닝Post-openings에 관해서도 알아보자.

여러분은 아마도 열 번 중 아홉 번 정도는 앞에 소개한 3가지 스타일 중 하나를 오프닝 멘트로 선택하려 할 것이다. 하지만 나머지 한 번 정도는 스타일을 바꿔야 할 필요가 생길 수 있다. 그 한 번은 강연장의 분위기와 관련이 있다. 세계적인 수준의 연사들은 오프닝을 하는 동안 청중의 에너지를 최대치로 끌어올리는 데 집중하고, 분위기가 무르익으면 차분한 이야기로 청중을 자신만의 감성 여행으로 안내한다. 그러나 청중이 지나치게 긴장해 있거나 지나치게 풀어져 있는 경우도 간혹 있다. 사전 오프닝 멘트가 필요한 이유다.

교육 개혁을 주제로 한 켄 로빈슨Ken Robinson의 TED 강연이 아마도 이런 분위기가 아니었을까 한다. 그가 연단에 서기 전, 청중은 이미 며칠 동안 그리고 몇 시간째 쉬지도 못하고 프레젠테이션을 들었다. 아무리 영감을 불러일으키는 프레젠테이션이라 해도 쉬지 않고 듣다 보면 지치기 마련이다. 켄 로빈슨이 무대에 올랐을 때는 이미 청중이 예민할 대로 예민해진 상태였다. 분위기를 전환하기 위해 그는 유머 섞인 사전 오프닝 멘트를 시작했다. 여기서 한 가지 주의할 점이 있다. 유머 섞인 얘기를 할 생각이라면 무조건 30초 이내에 사람들을 웃겨야 한다는 사실이다. 켄 로빈슨은 채 10초도 걸리지 않았다.

"안녕하세요? 좋은 아침입니다. 아주 멋진 날이죠, 그렇지 않나요? 전 오늘 정말 많은 감명을 받았습니다. 그럼 인제 그만 가봐야겠습니다. (웃음) 오늘 프레젠테이션 주제가 3가지였죠, 그렇죠? 제가 얘기하려는 것과도 관련이 있는 얘기들이었습니다. 하나는 지금까지 들었던 프레젠테이션 중에서 특히 인간의 창의성에 대해 아주 놀랄만한 사실들을 보여주었습니다. 얼마나 다양한지, 얼마나 광범위한지를 말이죠. 그리고 두 번째는 앞으로 어떤 일이 벌어질지 모르는 어떤 곳, 미래 세계로 우리를 데려갔죠? 어떤 결과가 나올지는 아무도 알 수 없습니다."

PART I 콘텐츠, 스토리, 스토리의 구성

로빈슨은 단순히 유머만 사용한 것이 아니라 오프닝 콜백 Opening Call-back이라는 또 다른 기법을 사용해 청중과 교감했다. 일반적으로 콜백은 스탠드업 코미디에서 청중을 포복절도할 정도로 웃긴 내용을 재차 언급하는 것을 의미한다. 키노트 연설에서 콜백을 사용하면 키노트 연사가 준비한 내용과 다음에 나올 연사가 준비한 내용 간에 연계성이 생기게 된다. 만약 여러분이 첫 연사로 등장했다면 프레젠테이션 직전에 눈길을 끌었던 이벤트, 연단에 오르기 직전에 만난 사람 혹은 강연장의 분위기 같은 것들을 콜백으로 사용할 수 있다. 그래서 오프닝 콜백은 즉흥적이라는 느낌을 주어야 한다. 켄 로빈슨의 경우처럼 철저히 청중에 대한 맞춤형이어야 한다는 말이다. 그래야 청중이 뭔가 특별함을 느끼고, 앞으로 이어질 프레젠테이션이 마치 자신만을 위해 준비된 것처럼 느끼게 된다.

청중 사이에 긴장감이 거의 느껴지지 않을 때도 사전 오프닝 멘트를 사용할 수 있다. 프레젠테이션의 주제가 꽤 심각한 내용이고 청중이 사전 정보를 전혀 갖고 있지 않았을 때 적용할 수 있다. 사실 이런 경우는 매우 드물다. 그래서 나도 TED 프레젠테이션에서 비슷한 사례를 본 적은 없다. 왜냐하면, TED는 제목과 간단한 소개만으로도 어떤 내용의 프레젠테이션이 진행될지 충분히 짐작할 수 있기 때문이다. 그러나 다른 프레젠테이션에서는 이런 사례를 몇 차례 경험한 적이 있다.

에드 테이트 2000 토스트마스터스 세계 대중 연설 챔피언십 Ed Tate, Toastmasters World Champion of Public Speaking 연설이었는데, 오프닝과 관련해 내가 최고의 사례로 꼽는 연설이다. 한 연사가 오랜 침묵 끝에 자신이 인종 편견의 표적이 됐던 경험을 쏟아내기 시작했다. 실제로 그는 10초 동안 아무 말도, 아무런 움직임도 없이 가만히 서 있다가 갑자기 외마디 소리를 질렀다. 인종 편견적 욕설이었다. 10초라는 시간이 짧다고 생각된다면 여러분이 직접 시도해보기 바란다. 영원히 계속될 것 같은 침묵, 그 침묵은 여러분 자신도, 그리고 청중도 매우 불편하게 만든다. 이런 테크닉은 고도의 긴장감을 조성해 집중도를 한 번에 끌어올릴 수 있다는 장점이 있다. 그러나 아주 가끔만 사용하기 바란다.

또 한 가지 흥미로운 사전 오프닝이 있다. 청중이 어떤 특정

한 상황이나 환경에 처해있다고 상상하도록 하는 것이다. MIT 연구원인 데브 로이Deb Roy의 TED 프레젠테이션이 좋은 예이다. 그의 프레젠테이션 주제는 '갓 태어난 자기 아들이 언어를 습득하는 방법에 관한 연구를 어떻게 시작하게 되었는지'에 관한 것이었다. 프레젠테이션에 앞서 그는 전혀 새로운 종류의 삶에 대한 사회 실험이라는 상상 속으로 청중을 초대했다.

"당신의 삶을 기록할 수 있다면 어떨까요? 당신이 말한 것, 당신이 한 일, 손가락 하나만 움직이면 모든 것을 저장할 수 있는 완벽한 메모리 창고가 있다면 어떨까요? 과거로 돌아가 기억하고 싶은 순간들을 찾아내 필름처럼 되돌릴 수 있고, 시간의 흔적을 꼼꼼히 거슬러 올라가 전에는 알지 못했던 자기 삶의 패턴을 알 수 있다면요? 5년 반 전, 우리 가족이 시작한 여행이 바로 이것이었습니다."

오프닝 멘트를 준비할 때는 은연중에 청중이 프레젠테이션을 통해 얻게 될 이점까지도 생각할 수 있도록 해야 한다. 그리고 프레젠테이션에 반드시 포함돼야 하는 요소인 사후 오프닝에서는 청중이 무엇을 얻을 수 있는지와 프레젠테이션에 얼마의 시간이 소요될지를 명시해야 한다. 내가 가장 자주 사용하는 오프닝 멘트는 다음 표준 스타일 3가지 중 하나이다. "앞으로 45분 동안 저는 여러분과 행복으로 가는 3가지 비결을 공유하려 합니다." 프레젠테이션의 이점을 분명히 밝히는 오프닝이다. 이때 "얘기할 것입니다."보다는 "공유할 것입니다."가 훨씬 나은 표현이다.

그러나 여기에도 몇 가지 문제점이 있다. 첫째는 청중 입장이 아니라 연사의 관점에서 말하고 있다는 점이다. 이 오프닝에서는 '여러분이 무엇을 얻을지'가 아니라, '내가 무엇을 할 것인지'를 말하고 있다는 것이다. 두 번째는 그다지 감각적이지 않다는 점이다. 훌륭한 사후 오프닝이라면 앞으로 이야기할 프레젠테이션의 구조를 시각적 은유로 보여줄 수 있어야 한다. 이 두 가지를 적용해서 오프닝 멘트를 바꿔보자. "지금부터 45분 후, 여러분은 행복의 3A를 갖고 이곳을 나가게 될 것입니다." 이렇게 멘트를 바꾸면 청중은 행복의 3A를 가져가기 위해 프레젠테이션에 귀를 기울일 것이고, 어떤 사람들은 자세까지 고쳐 앉을 것이다.

'3A'처럼 기억하기 쉬운 약어나 단어는 청중에게 프레젠테이션의 로드맵을 제시하는 좋은 방법이다. 처음부터 3A가 무엇을 의미하는지 굳이 밝힐 필요는 없다. 프레젠테이션이 진행되는 동안 하나씩 의미를 알아가는 것에 청중은 더 재미를 느끼게 될 테니까 말이다.

3이라는 숫자는 사람들의 시선을 단번에 잡아끄는 강력한 흡입력이 있다. 내가 3이라는 숫자를 선호하는 것도 이런 이유 때문이다. 3단계, 3가지 주제, 3가지 전략, 3가지 팁, 3가지 테크닉, 3가지 도구 등 매우 다양하게 활용할 수 있다. 사실 숫자를 활용하는 방법이 실제로 효과가 있는지에 대해 과학적으로 밝혀진 근거는 없다. 하지만 이렇게 한번 생각해보자. 스티븐 코비Stephen Covey 덕에 누구나 '성공하는 사람들의 7가지 습관'이라는 말을 한 번쯤 듣게 되었을 것이다. 여러분이라면 이 책의 제목을 뭐라고 했을까? 십계명과 권리장전을 구성하는 미국 헌법 10가지 수정 조항에도 숫자가 사용됐다. 또 잭 웰치Jack Welch는 생전에 리더십의 '4E'를 강조했다. 여러분이라면 어떤 명칭을 붙일 것인가?

오프닝 멘트를 하는 방법은 수없이 많다. 그래서 오히려 최악의 오프닝 멘트 몇 개 정도를 기억하는 것이 더 좋을 수 있다. 오프닝 때문에 프레젠테이션을 망친 다른 연사들의 실수를 반복하지 않으려면 말이다. TED 프레젠테이션의 모든 영상이 TED.com에 올라오는 것은 아니다. 일부 선택된 영상만 인터넷에 게시된다. 그러나 여러분은 잘 모를 수 있겠지만, TED.com에 올라오는 영상은 연사의 작은 말실수나 어색한 부분, 모욕적이거나 불쾌감을 줄 수 있는 부분을 삭제하는 편집과정을 거친다. 따라서 TED 영상에서 최악의 오프닝 사례를 찾는 것은 불가능하다.

그런데도 여러분에게 사례로 제시할 수 있는 최악의 오프닝 멘트는 생각보다 많다. 이를 몇 가지 리스트로 정리했다. '인용구로 시작하지 마라.' 아무리 프레젠테이션의 주제와 관련이 있는 내용이라 하더라도 인용구는 안 된다. 진부하기 짝이 없다. '농담으로 시작하는 것도 안 된다.' 마찬가지 이유에서이다. '조금이라도 불쾌감을 줄 수 있는 문구도 금물이다.' '애니메이션 작가인 딜버트Dilbert의 카툰도 안 된다.' 최악의 오프닝이기도 하지만, 딜버트의 카툰을 사용하려면 사용료까지 내야 한다. '감사합니다.'로 시작하는 것도 금물이다. 굳이 감사의 표현을 하고 싶다면 프레젠테이션을 다 마치고 난 후에 하라. '프레젠테이션을 시작하기에 앞서'라는 표현도 안 된다. 프레젠테이션은 입을 연순간 이미 시작되지 않았나?

최악의 오프닝 멘트 유형이 하나 더 있다. 퍼포먼스 또는 행동으로 하는 오프닝이다. 인터넷을 찾아보니 카리스마 있는 리더십을 주제로 다루는 비디오 공유 사이트에 멋진 프레젠테이션 영상이 하나 올라와 있다. 콘텐츠도 좋고, 연사의 프레젠테이션 스킬도 흠잡을 데가 없다. 그러나 오프닝만은 그렇지가 않다. 프레젠테이션을 시작하면서 연사가 청중에게 한 가지를 요청했다. 자리에서 일어나 가슴에 손을 얹고 몸을 돌려 한 발짝 앞으로 나가라는 것이었다. 그리고는 이렇게 말했다. "여러분 회사의 사장님이 오늘 프레젠테이션이 어땠냐고 물으면 이렇게 대답할 것입니다. '사람들을 일어서게 하고, 그들의 마음을 움직여

방향을 돌려세운 후, 올바른 방향으로 나가도록 했습니다.'라고 말입니다." 관심을 끌 수 있는 오프닝이기는 하다. 하지만 영상 속 청중의 반응을 자세히 살펴보면 전혀 다르다. 청중 대부분이 조금 전 누군가에게 조종당했다는 생각에 무척이나 불쾌해하는 표정을 짓고 있기 때문이다. 표정뿐 아니라 사람들의 움직임에서도 불쾌한 감정이 역력히 드러난다. 그리고 이런 행동은 프레젠테이션의 주제와도 동떨어진 것이다. 이럴 때 '리더십 카리스마'라는 프레젠테이션의 핵심 메시지마저도 효과가 반감된다.

　모든 규칙에는 예외가 있지만, 이 사례는 퍼포먼스로 했던 오프닝 중에서 최악의 경우를 예로 든 것뿐이다. 프레젠테이션의 주제와 직접 연관이 있고, 진심이 담긴 내용이라면 퍼포먼스를 활용하는 오프닝도 좋은 결과를 얻을 수 있다. 가장 좋은 사례가 바로 리제나 토마스하우어Regena Thomashauer의 TEDxFiDiWomen 프레젠테이션이다. 그녀의 프레젠테이션은 '힘, 정열, 열정, 창의성으로 가는 관문은 곧 즐겁게 사는 것'이라는 메시지를 담고 있다. 오프닝은 이랬다. 스피커를 통해 핏불Pitbull의 강렬한 비트가 인상적인 음악 〈당신이 나를 사랑한다는 걸 알아요〉가 흥겹게

흐르는 가운데 리제나 토마스하우어가 3명의 남성에게 들려 무대에 등장한다. 남성들이 무대 위에 그녀를 내려놓자 리듬에 맞춰 춤을 추기 시작하며, "자, 어서, 함께 추세요!!"라고 외쳐댄다. 카메라가 뒤로 빠지며 청중석을 비추니 청중 모두가 자리에서 일어나 리듬에 맞춰 몸을 흥겹게 흔들고 있다. 음악 소리가 잦아들자 리제나 토마스하우어는 이렇게 말했다.

"재미있었나요? 즐거우셨나요? 제가 지금 뭘 했는지 아십니까? 여러분의 몸에서 산화질소Nitric oxide를 방출하고 있습니다! 왜냐고요? 우리 몸은 즐거운 경험을 할 때마다 엄청난 신체적 변화를 겪기 때문이지요. 단 30초의 즐거운 경험만으로도 여러분의 피는 산소를 공급해 순환하기 시작합니다. 산화질소가 배출되면 그 자리를 베타 엔돌핀Beta Endorphine, 프로락틴Prolactin 등의 신경전달물질이 채운답니다."

이 경우, 퍼포먼스를 활용한 오프닝, 즉 그녀가 춤을 춘 것은 프레젠테이션의 주제와 100% 일치했다. 그녀는 자신의 열정을 소리 높여 외쳤고, 프레젠테이션의 목적도 정확히 전달했다. 자,

이제 오프닝 멘트가 끝났으니 프레젠테이션의 본론으로 넘어갈 차례이다.

 Key Point

Ⅰ 청중이 느끼는 긴장감과 프레젠테이션의 논조 사이에 어색함이 흐른다면 사전 오프닝으로 시작하라.

Ⅱ 오프닝 멘트는 사적인 이야기, 충격적인 사실의 폭로, 도발적인 질문 중에서 선택하라.

Ⅲ 사후 오프닝도 준비하라. 청중이 프레젠테이션에서 얻을 수 있는 것, 프레젠테이션에 소요되는 시간을 알려줘라.

TED Tips

기억에 남을
오프닝을 준비하라

'아이스 브레이킹Ice Breaking'을 직역하면 '얼음을 깬다.'라는 의미인데, 이는 처음 만난 사람들이 어색함을 해소해가는 행동을 이르는 말이다. 초면인 사람들에게 필요한 아이스 브레이킹은 연사와 청중 사이에도 필요하다. 연사가 하는 프레젠테이션은 일방적인 전달이나 주입이 아니라, 상호 소통에 근간을 두고 있기 때문이다. 연사는 초면의 어색한 분위기를 깨고 청중들이 마음을 열어 자신이 만든 우호적인 환경으로 들어올 수 있도록 미리 준비해야 한다.

TED 프레젠테이션에서 연사들이 활용하는 방식은 크게 두 가지로 나눌 수 있다. 하나는 편안하게 친근감을 느끼도록 스며들듯 다가오는 방식이고, 다른 하나는 충격적인 말로 임팩트를 남기며 주위를 환기하며 다가오는 방식이다. 둘 중에서 주제와 어울리는 방법을 선택하면 되지만, 절대 어설퍼서는 안 된다. 어설픈 오프닝은 지속해서 산만함을 유발하는 요소가 된다.

TED 연사 중에서 인상 깊은 오프닝을 한 사람으로는 치마만다 아디치Chimamanda Adichie가 손꼽힌다. 2009년 그녀의 TED 강연 제목은 '단 하나의 이야기가 초래하는 위험The danger of a single story'으로 특정 문화권에 대한 편협한 시각을 지적했다. 그녀는 자신의 어린 시절을 이야기하며 평범한 듯 프레젠테이션을 시작했다. 아프리카 나이지리아에서 태어나 유년기를 보낸 그녀는 어린 시절부터 글을 읽고 쓰는 것을 좋아했으며, 종종 소설을 써 어머니에게 들려주곤 했다. 그녀의 소설에는 백인 아이들이 등장했으며, 아이들은 사과를 먹고 날씨에 관해 이야기했다. 그러나 실상 그녀가 사는 나이지리아에서는 사과를 먹지 않으며, 굳이 한결같은 날씨 이야기 따위는 하지도 않는다. 그녀는 문학 작품의 배경이 영미권이 아닌 다른 나라이거나, 등장인물이 흑인인 것은 상상도 하지 못했다고 말했다.

그녀의 오프닝은 강연의 주제와 정확하게 일치해 본론으로 아주 자연스럽게 넘어 갔으며, 이내 청중들에게 충격을 주었다. 이후 그녀는 미국 대학에 진학하게 되었고, 자신의 문화와 나라에 편견을 가진 수많은 사람을 만나게 되었다는 일화를 전했다. 그녀는 누군가의 단편적인 견해, 편협한 시각으로 쓰인 글이 얼마나 많은 사람에게 편견을 갖게 만드는지 그 위험성을 자신의 사례로 경고했다. 사적인 이야기에서 출발해 사회적인 문제로 전개해간 그녀의 강연에 청중들은 공감하지 않을 수 없었다.

가장 편안하게 공감대를 형성해 청중에게 다가간 연사로는 제임스 비이치James Veitch가 있다. 그는 2015년 '스팸 메일에 답장하면 생기는 일This is what happens when you reply to spam email'이라는 제목의 TED 강연 내내 청중들이 배꼽을 잡을만한 유머를 선보였는데, 오프닝을 스토리텔링으로 시작했다. "몇 년 전입니다. 저도 그 스팸 이메일이란 것을 받았어요. 어떻게 스팸 필터링을 뚫고 도착했을까요? 어떻게 그런 건지는 모르겠지만, 하여간 제 '받은 메일'에 있더라고요. '솔로몬 오동코'라는 사람한테 온 이메일이었죠."

이 대목에 이르자, 청중들은 '솔로몬 오동코'라는 누가 들어도 주변에 있을 것 같지 않은 스팸 메일 발신자 이름에 웃음을 터트렸다. 제임스는 청중들이 충분히 웃을 수 있도록 시간을 준 뒤, "제 말이요."라고 하며 청중들의 웃음에 화답했다. 청중들이 웃음을 통해 간접적으로 보인 '너무 뻔한 스팸 메일 아니냐?'는 질문에 연사가 답한 것이다. 이렇게 그는 강연 내내 특유의 유머러스한 말투와 직접적인 소통을 계속했다. 그의 오프닝은 뛰어난 스토리텔링이었을 뿐만 아니라, 누구나 겪어봤을 법한 일상적인 이야기로 오프닝을 구성해 시작부터 청중과 하나가 되었다. 10분 간 계속 웃을 수 있는 재미있는 영상을 찾는다면 그의 강연을 꼭 찾아보길 바란다.

반면 우리가 피해야 할 전형적인 오프닝을 사용해 성공하지 못한 사례도 있다. 2012년, 모델 캐머런 러셀Cameron Russel은 '외모가 다가 아닙니다. 제 말을 믿으세요. 저는 모델입니다Looks aren't everything. Believe me, I'm a model'이라는 제목으로 TED에서 강연했다. 화면에 연출된 화려한 모델의 모습은 사실 자신의 일부일 뿐이며, 어린 여자아이나 젊은 여성이 이를 지나치게 선망하는 것은 건강하지 못하다는 내용으로 강연했다. 그녀는 자신의 포트폴리오 사진과 무대 위의 모습을 청중에게 보여주며 자신을 소개했다. 그러고는 높은 하이힐에 타이트한 원피스를 입은 원래 모습에서 긴 치마와 품이 큰 니트로 옷을 갈아입는 퍼포먼스를 선보였다.

그녀는 TED에서 옷을 갈아입는 연사는 본인이 처음이라고 이야기하면서 본인 소개를 이어갔는데, 그 사이에 설명하기 어려운 침묵이 흘렀다. 옷을 갈아입는 퍼포먼스는 모델이라는 직업을 드러내기에는 좋은 아이디어였지만, 강연이라는 환경에서는 기대만큼 보기 편한 모습이 아니었다. 청중에게 그녀가 보여준 모델 사진은 다른 데서도 흔히 볼 수 있는 사진에 불과했고, 옷을 갈아입는 행위는 어색하게 느껴졌을 것이다. 만약 그녀가 조금 더 친근하게 청중에게 다가가 모델이 아닌 평범한 한 사람으로서의 모습을 보여줄 수 있는 오프닝을 했다면 어땠을까? 혹은 외모 스트레스로 인해 본인이 겪은 충격적인 이야기를 했다면 어땠을까? 훨씬 더 청중의 마음을 얻을 수 있었을 것이며, 이후 그녀가 이야기한 외모지상주의에 대한 강연이 더욱 설득력 있었을 것이다.

첫 단추가 중요하다는 말이 있듯, 첫인상, 첫 마디처럼 무엇이든 '처음'은 특별한 의미를 갖는다. 친근하든, 충격적이든 기억에 남을 오프닝으로 청중과 하나 되기를 바란다.

스토리의
프레임을
설계하라

여러분이 건물을 하나 지어야 한다고 상상해보라. 건물을 지으려면 우선 기초를 단단히 다지는 방법부터 배워야 한다. 그러고 나서 배운 대로 벽과 천정을 단단하게 고정한 후, 건물의 외관을 차례차례 마무리하면 된다. 초반에 지어지는 건물은 버팀목 역할을 하는 기둥이 어설프게 노출돼 다소 엉성해 보일 수 있다. 하지만 건물이 무너지지 않고 튼튼하게 서 있을 것이라는 믿음이 있어서 그 안에서 편안하게 휴식을 취할 수 있다. 조금 더경험이 쌓이면 건물의 중추가 되는 구조물들을 다르게 배치하는 방법을 배울 수 있다. 원한다면 기둥처럼 건물에 반드시 필요한 구조물이 겉으로 드러나지 않게 설계할 수도 있고, 반대로 드러

PART I 콘텐츠, 스토리, 스토리의 구성

나 보이게 설계할 수도 있다.

시카고의 마천루 건축디자이너인 루드비히 미스 반 데어 로
에Ludwig Mies van der Rohe의 초기 스타일인 '철근 콘크리트가 그대로
드러나는 스타일'을 좋아하는 사람도 있을 테고, 구겐하임 빌바
오 미술관Guggenheim Bilbao Museum을 설계한 프랭크 게리Frank Gehry의 '해
체주의' 스타일을 선호하는 사람도 있을 테니 말이다.

연사가 청중과 함께 떠나는 여행은 현대 건축가들의 여행과
많이 닮았다. 우선 초보 연사라면 건축가처럼 뼈대가 되는 골격
을 만든 후 기초를 다지는 법을 배워야 한다. '주제를 무엇으로
할지', '어떻게 얘기할지', '지금까지 얘기한 걸 어떻게 정리할지'
가 프레젠테이션의 골격, 즉 프레임에 해당한다. 한 가지 중요한
것은 프레젠테이션이 샛길로 빠지지 않고 늘 핵심을 유지하도록
해야 한다는 점이다. 초보 연사들은 대부분 배운 것을 곧이곧대
로 해석하는 경향이 있다. 그래서 다음과 같은 멘트로 오프닝을
시작할 수도 있다.

"왜 어떤 과일은 우리 몸에 유익한데 어떤 과일은 지방만 축적할까요? 지금부터 10분 뒤, 여러분은 앞으로 몇 년은 더 오래 살 수 있게 해줄 슈퍼과일 리스트를 들고 이곳을 나가게 될 것입니다. 3개의 슈퍼과일은 바로 아사이베리, 구기자, 석류입니다. 그럼 첫 번째 슈퍼과일, 아사이베리가 주는 이점을 살펴볼까요?"

프레임이 빈약한 프레젠테이션에 비하면 이 정도는 매우 순조로운 출발이다. 청중은 연사가 앞으로 어떤 내용을 이야기할지, 3개의 슈퍼과일이 왜 삶의 질을 높여주고, 인간의 수명을 연장해주는지 그 이유를 분명하게 알 수 있다. 문제가 하나 있다면 프레젠테이션의 프레임이 지나치게 직접 드러났다는 점이다. 한층 더 수준 높은 프레젠테이션을 하고 싶다면, 프레젠테이션 속 스토리들을 매끄럽게 연결해주는 전환 티저Transition Tease를 적절히 사용해야 한다.

위에서 사례로 제시한 슈퍼과일 프레젠테이션에 매끄러운 전환 티저를 추가한다면 어떻게 될까? 연사는 3개의 슈퍼과일에 관한 내용을 지나치게 직접 한꺼번에 말해 버리는 작은 실수를

했다. 한 가지만을 우선 언급한다거나 더 많은 내용을 알고 싶게
만드는 호기심 자극용 질문을 던졌으면 어땠을까? 예를 들어보
자. "여러분이 만약 10년은 더 젊고 건강하게 살 수 있도록 해주
는 3개의 슈퍼과일을 알게 된다면 어떨까요? 그리고 가까운 곳
에서 이 슈퍼과일을 구입해 아침, 점심, 저녁 언제든 식탁에 올
릴 수 있다면 어떨까요?" 청중은 오늘 당장 식품 리스트에 추가
할 3개의 아이템이 무엇인지 궁금해질 것이다. 그리고 좀 더 자
세한 내용이 알고 싶어질 것이다. 앞으로 소개할 3개의 슈퍼과
일이 실제로 사람들의 삶을 건강하게 해준다는 여러분의 스토리
는 이제부터 제대로 먹히기 시작했다.

대부분의 오프닝 멘트로는 '무엇'을, 본론에서는 '왜'와 '어떻
게'를 사용한다. 특히 본론은 프레젠테이션을 구성하는 3가지
프레임 중에서도 '어떻게 얘기할지'에 해당한다. 나는 짧은 프레
젠테이션이든, 긴 프레젠테이션이든 프레젠테이션의 본론은 크
게 3개의 섹션으로 구성할 것을 추천한다. 8분짜리 프레젠테이
션을 하는 경우라면 6분짜리 프레젠테이션보다 좀 더 구체적인
내용이 3개의 각 섹션에 포함된다고 생각하면 된다. 더도 말고

덜도 말고 3개 섹션이 가장 좋다. 그래야 연사도 스토리가 어디쯤 와있는지 항상 알 수 있고, 청중도 메시지를 쉽게 기억할 수 있다.

이 3개 섹션을 어떤 방식으로 프레젠테이션 할 것인가는 실제로 그다지 중요하지 않지만, 여러분이 선택한 프레젠테이션 방법이 무엇인지는 매우 중요하다. 나는 효과적인 프레젠테이션을 위해 3가지 방법을 추천한다. 상황·복합적 문제해결식, 시간 순서식, 아이디어 콘셉트 묘사식 방법이 그것이다.

'상황·복합적 문제해결식 방법'은 청중의 생각을 변화시키거나 행동을 유발하고자 할 때 가장 효과적이다. 3개 섹션 중 첫 번째 섹션에서는 매우 객관적인 방법으로 청중이 잘 알 수 있는 곳의 '상황'을 소개한다. 청중이 상당히 지적이고, 여러분의 프레젠테이션에 관심을 두고는 있지만, 프레젠테이션의 정확한 내용에 대한 사전 지식이 없어서 배경설명을 한다고 생각하면 된다. 그리고 섹션의 두 번째, '복합적'인 내용을 얘기할 때는, 현재 이 세상에 어떤 결함이 있는지를 폭로함으로써 청중의 마음을 확 끌

어당겨야 한다. 여기서 '결함'은 문제점일 수도 있지만, 숨겨진 기회일 수도 있다. 마지막으로 세 번째 섹션에서는 앞에서 얘기한 문제점 또는 기회를 가로막는 요인들을 깔끔하게 해결해주는 해법을 제시하면 된다.

'지식 노동자들의 생산성과 행복감 향상'을 주제로 한 다니엘 핑크Daniel Pink의 TED 글로벌 프레젠테이션이 이런 프레임으로 되어 있다. 그의 프레젠테이션 내용을 섹션에 따라 나눠보자.

"[상황] 역사의 기록이 시작된 이후, 경영 차원에서 노동자에 대한 동기부여는 대부분 외적인 보상방식에 의존해왔다. 무엇을 하면 무엇을 더 주겠다는 식이다. 기계적인 업무에는 이런 방식이 잘 먹힌다. [복합적 문제] 하지만 지식 노동자의 동기부여는 본질적인 보상에서부터 시작되어야 한다. 실제로 지식 노동자에게 포상금 등 외적인 보상을 하게 되면 생산성이 떨어지는 것으로 나타났기 때문이다. [해결] 미래의 리더들이 자율, 업무전문성, 그리고 목적을 중시하는 이 시대의 노동자에게 제대로 동기를 부여하고자 한다면 운영시스템을 새롭게 바꿔야 한다."

두 번째 방법인 '시간 순서식 방법'은 여러분이 준비한 프레젠테이션의 흐름을 원활하게 해주는 효과가 있다. 그래서 역사적인 사실을 시간 순서대로 소개하는 연사도 많다. 「먹고, 기도하고, 사랑하라」의 저자 엘리자베스 길버트Elizabeth Gilbert의 TED 프레젠테이션이 이런 사례이다. 엘리자베스 길버트는 '공포를 극복하고 적극 자신을 드러내라.'라는 메시지를 전달하기 위해 고대 로마로부터 르네상스에 이르기까지 긴 역사 속에 등장한 창의성에 대한 인간의 태도를 시간 순으로 살폈다. 그러나 시간 순서식 프레임을 사용하는 경우, 연사는 대부분 프레젠테이션의 핵심 주제와 관련이 있는 내용을 선택한 후 자신의 삶에서 중요한 계기가 된 경험부터 시간 순서대로 이야기한다. 나이지리아 소설가인 치마만다 아디치Chimamanda Adichie가 이 방법을 사용했다. 문화의 다양성을 이해하게 되기까지 자신의 삶의 여정이 어땠는지, 그리고 궁극적으로 어떻게 문화적 다양성을 수용하게 되었는지를 시간 순서로 설명한 것이다. 그녀는 자신이 어렸을 때 읽었던 서양의 고전문학에 관한 이야기로 시작해, 이후 아프리카 작가들에 대한 관심, 미국 대학에서 공부하게 된 사연, 그리고 마지막으로 멕시코 여행에 이르기까지 개인적인 경험들을 차례

차례 소개하며 청중을 자신의 삶으로 끌어들였다.

TED 프레젠테이션에서는 연사에게 주어진 시간이 짧을수록 아이디어 콘셉트 프레임을 활용하는 경우가 많다. 데이비드 레터맨David Letterman의 '토크쇼 톱 10 리스트'를 이야기한다고 가정해 보자. 이런 식의 프레임은 스토리를 전달할 수 있는 충분한 시간이 허락되지 않을 때 최고의 성공사례, 사실, 그리고 논쟁을 열거하는데 가장 효과적이다. 콘셉트를 소개하는 순서를 바꾸는 것도 가능하다. 리차드 세인트 존Richard St. John의 '8가지 성공비결'을 살펴보자.

1. 일에 대한 열정
2. 열심히 할 것
3. 관심 분야에의 노력과 집중
4. 자기회의와 실패에 대한 두려움 극복
5. 다른 사람들에게 무언가 가치 있는 일
6. 반짝이는 아이디어를 떠올리기 위한 경청과 관찰
※ 나머지 2개는 그의 TED 프레젠테이션 영상에서 직접 찾

아보기 바란다.

최고의 TED 연사는 어떤 프레임을 사용해 스토리를 전개하든 각각의 섹션을 '우뇌'와 '좌뇌' 시뮬레이션을 통해 결합한다. 스토리나 행동 같은 것들은 감성적 기능을 담당하는 우뇌를 자극하고, 사실, 전략, 팁, 테크닉 등은 논리적 기능을 담당하는 좌뇌를 편안하게 만든다. 여러분의 목표는 청중이 기존의 고정관념 또는 생각을 바꾸도록, 나아가 어떤 행동에 나서도록 설득하는 것이다. 프레젠테이션이 진행됨에 따라 여러분은 여러분의 이야기를 듣고 있는 청중을 원초적인 감성 여행으로 안내해야 한다. 또한, 객관적인 사실들을 통해 자연스러운 호기심과 인간의 본능적인 의구심을 불러일으키는 논리적 반대 이유를 예측하고, 말하고, 인정하게 하여야 한다.

여러분의 자녀가 생명을 빼앗길 수도 있는 땅콩 알레르기를 갖고 있다고 상상해보라. 그리고 여러분은 자녀가 다니는 유치원의 다른 학부모에게 아이들을 유치원에 보낼 때 땅콩버터와 젤리 샌드위치를 들려 보내지 말라고 호소하고 있다고 생각해보

자. 객관적 사실에만 근거한 접근방식을 취한다면 아마도 이렇게 호소할 것이다. "전체 미국인 중 0.5%가 땅콩 알레르기를 갖고 있고, 이 때문에 생명을 위협받을 수 있다는 사실을 알고 계십니까? 다시 말하면 미국인 1,500만 명이 땅콩 알레르기가 있고, 이들에게 땅콩버터와 젤리 샌드위치는 총알이 장전된 권총만큼이나 위험합니다." 이런 종류의 알레르기가 있는 친구나 가족을 둔 청중이라면 이 방식이 충분히 통할 수 있다. 그러나 다른 청중은 이 호소에 연민과 관심은 보이겠지만, 집에 돌아가면 아이들을 위해 땅콩버터와 젤리를 넣은 점심 도시락을 계속 준비할 것이다.

그래서 강렬한 충격요법을 쓰고 싶다면 객관적 사실과 감성적 스토리를 적절히 섞는 것이 좋다. 개인적으로 위에 소개한 사례는 나의 실제 이야기이다. 내가 같은 내용으로 호소한다면 앞서 언급한 통계수치에 다음과 같은 내용을 추가할 것이다.

"2002년 8월, 어느 뜨거운 여름날이었습니다. 우리 부부와 친척들, 그리고 제 두 살배기 딸 엠마가 함께 물놀이를 즐기러 해

변을 찾았습니다. 즐거운 하루를 보내고, 집으로 돌아오는 길에 제과점에 들러 땅콩버터 타르트를 몇 개 샀습니다. 엠마에게도 조금 먹였죠. 그리고 계속 차를 운전해 집으로 돌아오는데 딸아이의 작은 몸이 구석구석 부풀어 오르고 빨개지기 시작했습니다. 그러나 집에 도착할 때까지 아무도 사태의 심각성을 깨닫지 못했습니다. 태평스럽게 현관문을 열고 들어가 아이를 찬찬히 살펴보기 시작했죠. 아이의 상태는 무척이나 심각해 보였습니다. 그 길로 저는 엠마를 안고 시속 90마일로 달려 인근 응급실로 갔습니다. 아이를 병상에 눕히고 걱정스러운 눈길로 바라보고 있으니 아이가 그러더군요. '아빠, 사랑해요.' 그리고 나서 엠마는 의식을 잃었습니다. 저는 의자를 박차고 일어나 축 늘어진 엠마를 안고 '도와주세요!'라고 소리를 질러댔습니다. 다행히도 의사가 곧바로 달려와 아드레날린 주사를 놓아주었죠."

이 이야기가 모든 사람에게 공감을 불러일으키지는 않겠지만, 객관적인 사실만을 나열하는 것보다는 훨씬 더 강력한 파급력을 가질 수 있다는 것을 여러분도 짐작할 수 있을 것이다.

각각의 섹션이 진행되는 동안 여러분은 청중이 여러분의 스토리를 자신에게 투영할 수 있도록 자주 질문해야 한다. 강연의 규모가 작다면 실제로 청중에게 답변을 요청하는 것도 가능하다. 강연의 규모가 커서 청중이 대답할 수 없는 상황이라 해도 질문은 하는 편이 좋다. 그래야 여러분의 스토리가 일방적 프레젠테이션이 아닌 청중과의 쌍방향 대화로 발전하기 때문이다. 청중은 마음속으로, 그리고 신체 언어로 여러분의 질문에 답할 것이기 때문이다.

통계 수치, 특히 단위가 큰 통계수치를 말해야 하는 경우는 숫자를 그대로 말할 것이 아니라 생생하고 감성적으로, 청중 개개인과 관련이 있는 비유나 은유를 통해 설명해야 한다는 점도 유념하기 바란다. "7천만 명의 미국인이 심장병을 앓고 있습니다."와 "여러분과 가까운 사람 3명만 떠올려 보십시오. 이상하게도 여러분을 포함해 4명 중 1명이 심장병을 앓고 있습니다. 그리고 언젠가는 심장병으로 죽게 될 것입니다."를 비교해보라. 느낌이 아주 다를 것이다. 이와 유사한 사례가 'Rule 04'에서 제시했던 제이미 올리버의 프레젠테이션이다. 그는 "18분 후 자신의 프레젠테이션이 끝날 때쯤이면 4명의 미국인이 그들이 먹은 음식 때문에 죽어있을 것"이라는 충격적인 사실로 프레젠테이션을 시작했다.

이번 장을 시작할 때 이미 오프닝 멘트에서 프레젠테이션의 본론 첫 번째 섹션으로 넘어갈 때 '어떻게 해야 자연스럽고 매끄러울 수 있는지'를 살펴봤다. 한 번 더 언급하자면 매끄러운 이야기 전환의 핵심은 청중의 관심을 붙들어놓을 수 있는 전환 티저의 활용이다. 짧은 오프닝 멘트라면 그 자체만으로도 전환 티저가 될 수 있다. 하지만 프레젠테이션의 첫 섹션을 마치고 두 번째 섹션으로 넘어가는 상황이라면 전환 티저에 조금 더 신경을 써야 한다. 3개의 섹션으로 구성된 프레젠테이션의 본론 부분은 섹션별 지속 시간이 길다. 따라서 본론에서 사용할 전환 티저는 앞에 얘기했던 내용이나 객관적인 사실들을 다시 한 번 상기시키는 것이 좋다. 나이지리아 소설가 치마만다 아디치가 TED 글로벌에서 이 기법을 완벽하게 구사했다.

"제가 읽었던 책의 주인공들은 모두 외국인이었습니다. 그래서 저는 확신했죠. '아, 책에는 반드시 외국인이 등장해야 하고, 내가 개인적으로는 정의할 수 없는 어떤 것들이 포함돼야 하는구나!'라고 말입니다. (잠시 멈춤) 아프리카에도 책이 있다는 사실을 안 그 순간부터 이런 제 생각은 완전히 뒤집어졌습니다. 당시에는 아프리카 책이 얼마 되지 않았고, 외국 서적처럼 어디에서나 쉽게 찾을 수 있는 것도 아니었습니다."

치마만다 아디치는 자신이 영어로 된 책을 읽으며 성장했다는 어릴 적 경험을 얘기하면서 앞서 말한 내용을 다시 한 번 상기시켰다. 다음 섹션으로 넘어가는 전환 티저는, 잠시 멈춘 후 이어진 말 "이런 제 생각은 완전히 뒤집어졌습니다."이다. 전환 티저의 표현과 어조는 프레젠테이션의 본론에서 사용했던 열정적인 표현보다 다소 가라앉은 느낌이다. 그녀는 미묘하고 매끄러우면서도 한편으로는 청중에게 '아프리카 문학과 영미 문학이 어떻게 다른지 앞으로 얘기할 것'이라는 분명한 신호를 보내고 있다.

Key Point

1 이전 섹션의 핵심 메시지를 다시 한 번 상기시키고, 다음 섹션에서는 무엇을 얻을 수 있는지 넌지시 암시하는 전환 티저를 준비하라.

2 상황·복합적 문제해결식 스토리 프레임을 사용해 프레젠테이션의 본론을 3개 섹션으로 나눠라.

3 객관적인 사실과 감성적인 스토리를 적절히 섞어라.

TED Tips

감성적 스토리에
구성을 더하라

    같은 의상이라도 컴컴한 지하상가에 정신없을 정도로 빽빽하게 걸려있을 때와 고급 부티크에 깔끔하게 전시되어 있을 때는 완전히 달라 보인다. 글이나 말도 비슷하다. 전달하고자 하는 콘텐츠가 의상이라면 디스플레이 방식은 구성이다. '말이 두서없다', '횡설수설 한다'는 평을 듣게 되는 때는 주제나 스토리보다는 구성에서 실패한 경우가 대부분이다. 실제로 많은 사람이 머릿속으로 이해하고 있는 내용을 온전히 전달하는 데 어려움을 겪는다.

나는 구성에서 통일성과 간결함이 가장 중요하다고 생각한다. 통일성은 프레젠테이션에서 말문을 열며 했던 말, 혹은 전하고자 했던 메시지와 결론에서의 메시지가 일맥상통하는 것이다. 당연한 이야기 같지만, 일상의 대화처럼 '흘러가는 대로' 말을 계속하다 보면 중간에 떠오르는 의미 없는 이야기를 덧붙이게 되어 청중을 헷갈리게 만든다. 심지어 관련성이 적은 일화의 비중을 크게 부풀리거나, 극단적으로는 본인마저 혼란스러워지는 상황에 빠진다. 결국에는 엉뚱한 결론, 혹은 억지스러운 결론에 도달하는 실수를 하게 된다. 이런 실수를 하는 사람들의 또 다른 특징은 문장이 길다는 점이다. 여기서 간결함의 중요성을 알 수 있다. 말하고자 하는 게 너무 많고 문장이 지나치게 길면 간결하고 통일성 있는 프레젠테이션에서 점점 멀어지게 된다.

저자 제레미 도노반은 여기서 더 나아가 기억에 남는 프레젠테이션 프레임을 제시했다. 이는 좌뇌와 우뇌를 동시에 자극할 수 있는, 이성과 감성이 적절히 조화를 이룬 프레젠테이션이다. 사실을 나열하는데 그치지 않고, 예시를 들거나 일화를 나누고 공감대를 형성하는 이유가 이성과 감성이 조화를 이루도록 하는

데 있다. 연사가 다 쏟아 붓는 프레젠테이션 방법이 아닌, 청중의 기억에 확실히 남는 프레젠테이션 방법이 이것이다.

이러한 프레임을 완벽하게 소화한 연사가 있다. 이 연사는 너무도 유명한 빌 게이츠Bill Gates이다. 그는 2015년 TED에서 '아웃브레이크? 우리는 준비 되지 않았다The next outbreak? We're not ready'라는 강연을 했다. 아웃브레이크는 전쟁이나 질병 등 전 세계 인류를 위협할만한 일이 발생하는 것을 의미한다. 따라서 제목만 봐서는 구체적으로 무엇에 대한 강연인지 알 수 없는데, 그는 전염병이 인류를 위협할 가장 무서운 존재가 될 것으로 내다봤다.

빌 게이츠는 어릴 적 핵폭탄이 인류를 멸망시킬 것이라고 생각해 비상식량을 준비해뒀던 것을 이야기하며 말문을 열었다. 그리고는 "하지만 오늘날 가장 큰 전 세계적 비극은 핵폭탄이 아닙니다."라며 분위기를 일시에 환기하면서 전염병과 바이러스의 위험에 관해 이야기하기 시작했다. 빌 게이츠는 세계보건기구WHO가 에볼라 바이러스Ebola virus가 비교적 넓은 지역으로 전파되는 에피데믹Epidemic을 선포한 것을 사례로 들며, 인류는 거의 준비 되어 있지 않았고 대응은 실패 그 자체였다고 말했다.

　그는 강력한 문제 제기 이후에 해결책을 차례로 제시했다. 그리고는 자신이 제시한 방법들이 비용 면에서 비판 받을 것에 대비해 전염병이 인류에게 입힐 피해와 비교하면 그에 대비하는 비용이 훨씬 작다는 점을 강조했다. 마지막으로 그는 희망적인 결론으로 프레젠테이션을 마무리 했다. "패닉에 빠질 이유는 없어요. 통조림을 지하실에 쟁여 둘 필요도 없고요. 하지만 시간은 우리 편이 아니니까, 빨리 행동해야 할 필요는 있습니다. 에볼라 에피데믹이 우리에게 준 한 가지 긍정적인 영향이 있다면 경보음처럼, 알람처럼 우리를 깨워줬다는 것입니다. 지금 시작하면 다음 에피데믹에는 준비되어 있을 것입니다."

　빌 게이츠는 클로징에서 희망적인 결말을 제시함과 동시에 변화를 강력히 촉구했고 청중에게는 경각심을 심어주었다. 따라서 그의 프레젠테이션은 '문제 제기—해결책 제시—예상 반론에 대한 반박—희망적인 결말과 강력한 변화 촉구'로 정석에 가까운 깔끔한 구성을 보여줬다. 이는 청중이 크게 집중하지 않아도 쉽게 발표 흐름을 따라갈 수 있는 몰입하기 쉬운 형태의 프레젠테이션 구성이라고 볼 수 있다.

빌 게이츠가 보여준 '문제 제시 후 해결책 제시'의 구성은 아니지만, 또 다른 효과적인 구성을 보여준 프레젠테이션은 2015년 셀리트 헤들리Celete Headlee의 '더 나은 대화를 나누기 위한 10가지 방법10 ways to have a better conversation'이다. 그녀는 우리가 타인과 소통할 때 흔히 범하는 실수를 지적하며 이를 개선할 방법을 제시했다. '대화'라는 무겁지 않은 주제를 다뤘는데도 불구하고 그녀는 특유의 강한 어조와 카리스마로 청중을 몰입시켰다. 그녀는 강력하게 문제를 제기하고 본론에 해당하는 개선 방법을 나열식으로 전개했다.

그녀는 청중에게 질문을 던지며 강연을 시작했다. "다들 손 한 번 들어볼까요? 여기 있는 사람 중에 SNS에서 정치나 종교, 육아, 심지어는 음식에 관해 불쾌한 의견을 계속 올리는 사람과 친구 관계를 끊어 본 사람 손을 드세요." 누구나 SNS를 하고 인터넷 상에 개인적인 의견, 가치관, 정치 성향까지도 공개적으로 드러내는 일이 흔한 요즘, 공감할 수 있는 질문이다. 이후 곧바로 그녀는 소통하지 않고자 하는 현대인의 태도를 지적했다. 퓨리서치센터Pew Research Center가 미국 성인 10,000명을 대상으로 한 조사에 의하면, 현재 우리가 살고 있는 사회는 분열과 양극화가 역사상 최악이라고 한다. 사람들은 수용하지 않고 타인의 말을 들으려 하지 않는다. 어떤 말을 해도 싸움으로 번질 가능성이 있으며 사소한 주제로도 다툼이 일어날 수 있다. 대화의 필수 요소인 말하기와 듣기 사이의 균형이 완전히 무너져버렸다고 그녀는 주장했다.

작가 겸 라디오 진행자인 그녀는 '늘 새로운 사람과 대화하는 일'이 직업이라고 했다. 그래서 때로는 싫고 신념이 다른 사람과도 대화해야 하지만, 자신의 개인적 감정과 상관없이 대화 자체는 항상 순조로웠다고 했다. 그녀는 강연 내용과 밀접한 관계가 있는 훌륭한 자기소개를 짧게 한 후, 앞으로 10분 간 말하고 듣는 법에 관해 가르쳐주겠다고 본론에 관한 전환 티저를 사용했다. 그리고 '눈을 맞추고, 미소 지으며 고개를 끄덕여라'와 같은 뻔한 내용은 절대 아니라고 강조했다. 그녀는 이런 구성의 오프닝으로 다소 흔할 수 있는 '소통 능력'이라는 주제에 청중을 몰입시켰다.

    강연 제목에서도 알 수 있듯, 그녀는 대화를 더 잘할 수 있는 열 가지 방법을 나열해가며 소개했다. 다소 지루해질 수도 있는 프레임이지만, 다음과 같은 법칙을 적용해 듣기 편하고 귀에 잘 들어오는 프레젠테이션을 했다. 첫째로 간결한 문장을 사용했다. "하나. 다중작업하지 마라.", "둘. 자기주장만 펼치지 마라," 처럼 그녀는 늘어지는 문장 대신 간결한 문장을 사용해 청중을 이해시켰다. 이러한 방식은 강한 어조를 형성하는 데에도 성공해 청중에게 강력히 촉구하는 효과도 거두었다. 둘째로 두괄식으로 나열하고 각 방법에 대해 부연설명을 한 후, 미괄식으로 다시 한 번 정리해줬다. 그녀는 "둘. 자기주장만 펼치지 마라"라고 두 번째 방법을 제시한 후, "다시 말해 언제나 타인에게서 배우고자 하는 자세를 가져라"라고 마무리했다. 셋째로 인용구나 조사 자료를 적절히 활용했다. 이는 나열식 프레임에 색깔을 더할 뿐만 아니라, 주장에 신뢰를 실어준다.

아무리 좋은 콘텐츠라도 전달이 효과적이지 않으면 아무 소용이 없다. 마찬가지로 대단한 능력을 가진 사람도 다른 사람을 잘 가르치지 못하면 그 능력을 나눌 수 없다. 그래서 프레젠테이션의 연사들은 항상 자연스럽고도 완벽하게 준비된 상태여야 한다. 무엇을 청중에게 나누어 줄 것인지를 연구하는 만큼, 그 전달 방식과 구성에도 심혈을 기울여야 한다. 그러려면 항상 청중의 위치에서 발표 내용을 검토하고 기초 지식이 충분하지 않은 사람도 이해할 수 있는 수준인지 확인해야 한다. 귀에 쏙쏙 들어오는 프레젠테이션의 비밀은 구성에 있다.

결론은
청중을 설득할
마지막 기회다

프레젠테이션의 본론까지 살펴봤으니 이제 마무리를 어떻게 해야 할지 고민할 차례이다. 청중에게 프레젠테이션이 막바지에 다다랐다는 분명한 신호를 주게 되면 결말에 대한 집중도가 높아진다. 그래서 지금부터는 사용하는 단어 하나하나가 매우 중요해진다. 물론 "그리고, 결론은……"하는 식의 일반적인 방법으로 마무리할 수도 있다. 그러나 좀 더 멋지게 프레젠테이션을 마무리하고 싶다면, "자, 이제 오늘 우리의 여행이 끝나갑니다. 그리고 여러분의 놀라운 미래가 지금부터 시작될 것입니다.", "이제 여러분이 저의 제안을 결정할 차례입니다."라는 편이 훨씬 좋다. 문장의 호소력이 짙어지기 때문이다.

스토리의 결론은 여러분이 청중의 생각을 바꾸도록 하거나, 행동에 나서도록 설득할 마지막 기회이다. 따라서 긴박감이 느껴지는 분위기를 조성해야 한다. 한 가지 방법은 짧은 문장을 사용하고, 열정이 느껴지도록 목소리에 힘을 싣는 것이다. 또한, 결론에서 이야기할 내용은 모두 핵심 주제와 연결된 것이어야 한다. 그래서 오프닝에서 던진 '왜'라는 질문에 대한 명확한 답변과 청중이 얻을 수 있는 이점을 다시 한 번 강조할 필요가 있다. 누군가를 변화시킨다는 것은 그리 쉬운 일이 아니다. 따라서 청중이 올바른 방향으로 나아갈 수 있도록 작은 것부터 하나씩 실천할 방법을 제시하는 것이 좋다. 또한, 필요하다면 "실패의 결과는……"이라는 문구로 시작하는 공포 카드를 꺼내는 것도 나쁘지 않다.

여러분은 프레젠테이션을 통해 청중을 변화시킬 한 가지 방법을 제시했다. 이제 청중의 입장이 되어 청중이 마지막으로 이의를 제기할 만한 부분이 있는지 스스로 점검해 봐야 한다. 물론 연사가 반대편 입장에 서본다는 것은 무척이나 어려운 일이다. 이럴 때는 리허설에 친구를 불러 완전히 반대 관점에서 듣도록 하는 것도 괜찮다. 마지막 의구심까지 꼼꼼하게 점검해야 더 멋진 프레젠테이션이 만들어질 테니 말이다.

결론에서 절대 하지 말아야 할 것이 하나 있다. 그것은 밋밋한 보고서 스타일로 요약하는 결론이다. 또한, 본문에 언급하지 않았던 무언가를 결론에 추가하는 것도 안 된다. TED 연사들이 결론을 맺는 방식은 매우 다양하다. 하지만 가장 일반적인 방식은 오프닝 멘트에 사용한 사적인 이야기, 충격적인 통계수치, 도발적인 질문으로 되돌아가는 콜백 스타일이다. 두 번째는 프레젠테이션의 본론에서 언급한 '어떻게'를 누군가의 삶에 대입시켜 희망적인 이야기로 정리하는 것이다. 결론을 연사의 주장으로만 정리하면 프레젠테이션을 하는 내내 어렵게 쌓은 청중과의 교감이 한순간에 무너질 수 있으니 주의해야 한다.

청중에게 곧바로 행동에 나설 것을 요구하거나, 도발적인 질문을 하는 것도 프레젠테이션을 마무리하는 좋은 방법이다. 캐치프레이즈를 활용할 수도 있다. 캐치프레이즈의 앞부분을 먼저 말하고, 청중이 뒤에 이어지는 부분을 따라 하도록 유도하는 것이다. 사이먼 시넥의 캐치프레이즈를 예로 든다면 "사람들은 여러분의 제품을 구매하는 것이 아닙니다. 사람들은……"이라고 운을 뗀 후, 잠시 멈췄다가 청중이 뒷부분, 즉 "그 제품을 만들게 된 이유를 구매합니다."를 완성하도록 하는 것이다.

휴스턴대학 사회복지학과 교수 브린 브라운Brene Brown의 결론은 내가 지금까지 접한 TED 프레젠테이션 중 가장 인상적이었다. 브라운 박사가 전하려는 메시지는 '누구나 가진 단점은 고통의 원천이 아니라 새로운 변화의 원천이다. 이를 기꺼이 수용하고, 기존의 잘못된 인식을 바꾸라!'는 것이었다. 그녀는 청중에게 성취감을 느끼며 살기 위해, 충만한 삶을 살기 위해 단점을 기꺼이 받아들이라고 요구한다. 그녀의 결론은 다음과 같다.

"하지만 세상에는 다른 길이 있습니다. 저는 오늘 여러분께 이 길을 알려드리고 프레젠테이션을 마칠까 합니다. 제가 직접 몸으로 느낀 것들입니다. 여러분 자신을 있는 그대로, 깊은 곳까지, 약한 부분까지 모두 보여주십시오. 아무런 대가가 없다 해도 진심으로 사랑하십시오. 그리고 이건 정말로 괴롭고도 어려운 일이지만, 여러분의 부모가 하는 말이라 생각하고 들어주십시오. 여러분이 정말 힘들어 방황하고 있을 때, 그 순간을 고마워하고 즐거워하십시오. '내가 당신을 그렇게까지 사랑할 수 있을까? 내가 그렇게까지 깊이 신뢰할 수 있을까? 내가 이 문제에 대해 이렇게까지 집요해질 수 있을까?' 앞으로 벌어질지도 모를 최악의 상황을 상상하지 말고, 잠깐만이라도 멈춰 서서 '정말 감사한 일이지. 내가 이렇게까지 연약한 존재라고 느끼는 건 내가 살아있다는 증거이니까.'라고 말해보십시오. 그리고 제가 정말 중요하게 생각하는 마지막 한 가지는 '나는 잘할 수 있어!'라는 믿음입니다. '나는 잘할 수 있어!'라고 스스로 확신한다면 더는 고함치지 않을 것이며, 다른 사람의 이야기에 귀를 기울이게 될 것입니다. 주변 사람에게도 더 친절하고 더 부드럽게 대하게 될 것이며, 나 자신에게도 더 관대해질 것입니다. 오늘 제 얘기는 여기까지입니다. 감사합니다."

브린 브라운은 결론을 내릴 때가 됐다는 신호의 의미로 3개의 전환 티저를 사용했다. "하지만 세상에는 다른 길이 있습니다.", "저는 오늘 여러분께 이 길을 알려드리고 프레젠테이션을

마칠까 합니다.", "제가 직접 몸으로 느낀 것들입니다." 이 3개의
문장을 말하면서 브라운 박사는 한 문장마다 잠깐씩 말을 멈췄
다. 브라운 박사의 결론은 강력하고, 직접적이며, 감성을 자극한
다. 또한, 질문을 통해 청중이 스스로 의구심이 들도록 해 긴장
감을 한층 고조시킨다. 그리고는 곧바로 자아확신을 가질 수 있
는 처방을 제시한다. "나는 잘할 수 있어."라고 말이다.

'좋은 것'의 적은 '훌륭한 것'이다. 브라운 박사의 프레젠테이
션이 거의 완벽에 가까워 나도 무조건 빨려 들어가지 않을까 조
심스러웠다. 그러나 굳이 한 가지 수정할 부분이 있다면, 질문
이후부터 핵심 단어로 사용된 '나'라는 표현을 '여러분'이라는 단
어로 바꾸면 더 좋았을 듯하다.

프레젠테이션의 마무리와 관련해 한 가지 팁이 더 있다. 프
레젠테이션을 마무리하는 방식을 두고 영원히 결론이 날 것 같
지 않은 논쟁이 하나 있는데, 그것은 마지막 문구를 '감사합니
다.'로 할 것이냐 아니면 다른 문구로 할 것이냐이다. '감사합니
다.'가 좋다는 진영은 청중과의 유대관계를 공고히 하는 마지막

감사 표현이므로 반드시 필요하다는 주장이고, 반대 진영은 '감사합니다.'라는 문구가 메시지의 핵심을 흐리게 하고, 연사의 자신감에도 다소 흠집을 낼 수 있다고 주장한다. 둘 다 옳은 말이다. 따라서 정답은 없다고 할 수 있다. 거의 모든 TED 연사의 마지막 멘트가 '감사합니다.'인만큼 나도 여러분이 원한다면 그렇게 하라고 말하고 싶다. 일과 삶의 균형을 주제로 프레젠테이션한 나이젤 마쉬Nigel Marsh는 약간 달랐지만 말이다. 그의 마지막 멘트는 "제 생각에 이것은 충분히 널리 알릴만 한 가치가 있는 아이디어입니다."였다.

프레젠테이션의 내용 전반에는 스토리와 객관적 사실들이 적절히 섞여 있어야 한다. 듣고 변화하고자 하는 청중의 욕구가 논리가 아닌 감성의 영역에 속하는 것이 그 이유이다. 그러므로 프레젠테이션의 중심은 스토리가 되어야 한다. TED 연사들이 강렬한 흡입력을 갖는 스토리를 만들어내는 비결에 관해서는 다음 룰에서 자세히 알아본다.

Key Point

1 프레젠테이션을 마무리한다는 신호를 분명하게 보여주는 문구를 사용하라.

2 프레젠테이션의 핵심 메시지를 강화해주는 '왜'를 청중과 공유하라.

3 쉬운 것부터, 절박한 것부터, 하나 하나 행동으로 실천하라고 요구하라.

TED Tips

클로징에
핵심 메시지를 담아라

청중이 연사에게 무언가를 얻고 돌아가는 프레젠테이션을
만들기 위해 가장 신경 써야 할 부분은 클로징이다. 유난히 긴
시간을 보낸 청중도 졸음에서 깨어날 때고, 잠시 엉뚱한 생각을
한 청중도 내용을 파악하기 위해 집중하는 시간이 클로징이다.
반대로 엉뚱한 결론, 혹은 싱겁고 심심한 결론은 잘 해온 프레젠
테이션 전체를 망칠 수도 있다. TED 프레젠테이션은 단순한 지
식 전파를 넘어 청중의 생각을 바꾸고 삶에 대한 행동을 변화시
키고자 하므로 호소력 짙은 클로징을 흔하게 찾아 볼 수 있다.

변화를 일으키고 기억에 남는 프레젠테이션을 하고 싶다면 TED 연사들의 클로징에 집중하자.

조한 하리Johann Hari는 2015년 TED에서 '당신이 중독에 대해 착각하고 있는 모든 것Everything you think you know about addiction'이라는 제목으로 약물 중독에 관한 자신의 연구에 대해 발표했다. 그는 가족 중 한 사람이 약물 중독을 앓았던 사실 때문에 연구를 시작하게 되었고, 그로 인해 약물중독의 원인에서 지금까지의 일반적인 견해와 다른 견해를 갖게 되었다고 한다.

처음 약물 중독에 관한 연구가 시작되었을 때 했던 실험은, 쥐를 가둬놓고 일반 물과 코카인 혹은 헤로인이 섞인 물, 두 종류의 선택지를 주는 것이었다. 쥐는 항상 약물이 섞인 물을 선택했고 결국 중독된 모습을 보였다. 현재 우리가 약물 중독에 대해 가지고 있는 편견은 이 일차원적인 실험에 기반하고 있다. 이후 이 실험의 맹점을 발견한 한 교수는 쥐를 가둬놓고 물만 공급하는 것이 아니라 운동기구, 친구 등 쥐가 행복감을 느끼고 사회성을 기를 수 있는 환경을 조성한 후, 다시 두 종류의 물로 선택지를 줬다. 그 결과 쥐는 약물에 집착하는 모습을 보이지 않았고 중독에도 강한 모습을 보였다. 이 연구 결과를 바탕으로 조한은 다양한 사례를 들어 약물중독 원인의 많은 부분이 사회적 단절과 외로움 같은 정신적 쇠약에 있으며, 따라서 건강한 마음 회복으로 중독을 이겨낼 수 있다고 주장했다.

무거운 주제에 반해 조한은 경쾌하고 유머러스한 어조로 이야기했는데, 강연 내내 약물중독을 앓은 자신의 가족과 다른 중독자들에 대한 애정 어린 마음이 느껴졌다. 그래서 그의 결론은 더 감동적이다. "당신은 혼자가 아닙니다, 우리는 당신을 사랑해요. 이 메시지는 우리가 사회적으로, 정치적으로, 또 개인적으로 중독자들에게 전해야 하는 것입니다. 지난 100년간 우리는 중독자들에게 군가를 불러왔습니다. 이제는 그들에게 사랑의 노래를 불러줘야 합니다. 왜냐하면 중독의 반대말은 맨 정신이 아니기 때문입니다. 중독의 반대말은 인연입니다." 그의 클로징은 프레젠테이션이 끝날 것이라는 분위기를 형성하면서도 핵심 메시지를 담고 있다. 여기에서 더 나아가 따뜻한 어조로 청중들의 인식 변화를 촉구했다.

조한의 클로징이 특별한 이유는 진정성과 감동이 있기 때문
이다. 누군가를 설득할 때 감성에 호소하는 파토스Pathos, 윤리적
호소 에토스Ethos, 이성적 호소 로고스Logos 중 결론에 가장 효과적
인 것은 파토스이다. 과학적인 접근이나 윤리적 질문은 본론에
충분히 하고 결론만큼은 마음을 움직일 수 있는 마지막 메시지
를 준비하자. 결국, 우리는 감정의 동물이고 공감과 이해가 있어
야 행동으로 실천하게 된다.

청중들에게 정말 필요하고 실용적인 클로징으로 변화를 유
도한 연사도 있다. '수면은 당신의 초능력이다Sleep is your superpower'라
는 제목으로 2019년 TED에서 강연한 매트 워커Matt Walker가 주인
공이다. 그는 얼마나 많은 현대인이 수면 건강을 챙기지 못하고
있는지에 관해 이야기하며, 잠을 제대로 자지 못할 때 낮아지는
면역력과 집중력을 수치로 설명한다. 과학적이고 통계학적인
접근에 청중들은 충격과 함께 일종의 두려움을 느끼게 된다.

강연의 끝에 그는 클로징을 다소 길게 구성했다. 우선 그는
무거워진 분위기를 한 번 전환하며 수면의 질을 높이기 위한 몇

가지 제안을 한다. 일정한 시간을 정할 것, 일정한 환경을 조성할 것, 실내 온도를 조금 낮게 18도 정도로 설정할 것이 그것이다. 이후 그는 다시 강연의 주제를 상기시켜 청중들에게 충격을 안긴다. 수면은 선택 사항이 아니라 필수 사항이며, 산업화 된 국가들이 보이는 전반적인 수면시간 감소는 건강과 안전, 심지어는 아이들의 교육에도 치명적인 타격을 입힌다는 것이다. 그러다가 그의 클로징 멘트는 다시 한 번 진지함을 덜어낸다. 그는 유명한 영화 〈굿 나잇 앤 굿 럭Good Night & Good Luck〉의 명대사를 활용했다. "여러분에게 마지막으로 하고 싶은 말은 굿 나잇, 굿 럭, 그리고 무엇보다 정말 잘 주무시길 바랍니다."

뛰어난 강의를 펼친 TED 연사들은 대개 지루한 콜백 스타일의 결론이나 급하게 마무리하는 모습을 보이지 않는다. 그러면서도 놀랍게도 강의의 가장 본질적인 "왜?"에 관한 해답이 포함되어 있다. 매트의 경우, 수면의 질이 저하 될 때 우리 사회 다방면에 치명적인 손상을 초래할 것이기 때문에 청중들은 숙면하도록 노력해야 한다고 말한다. 또한, 잠을 잘 자지 못하는 것이 얼마나 해로운지 듣고도 어떻게 이 문제를 해결해야 할지 모르는 이들을 위해 쉽고 간단한 방법까지 제시해준다. 그러니 청중으로서는 분명 얻는 것이 무척 많은 강연이었다.

지루하지 않은 결론에 만족하지 말고 핵심 메시지를 담은 결론을 만들자. 이를 위해 우리는 청중들의 처지에서 생각하고 그들이 관심 있을 그리고 공감할 이야기를 해야 한다. 대중적이지 못한 주제라고 하더라도 결론만큼은 일상적인 예를 들어 강연의 주제가 모두에게 해당되는 이야기임을 알려야 한다. 평소에도 내 주장만 말할 게 아니라 상대방이 내 말을 어떻게 받아들일지 고민하면서 이야기해야 한다. 주제보다 훨씬 영향력 있는, 세상을 바꾸는 클로징을 만들자.

TED

스토리는
청중과의
여행지도이다

청중이 머리를 쥐어뜯고 싶을 정도로 따분하고 지루한 프레젠테이션을 하는 방법은 뭘까? 방법은 간단하다. 18분이라는 시간 동안 재미없는 사실들을 그저 나열하기만 하면 된다. 물론 TED 운영진이 이런 상황이 벌어지도록 그냥 놔두지는 않을 테지만 말이다. 앞서 언급했듯이 프레젠테이션은 오프닝, 본론, 결론의 3가지 섹션으로 구성되고, 각각의 섹션은 저마다 스토리를 갖고 있어야 한다. 자신에게 찾아온 뇌졸중을 연구한 경험을 이야기했던 질 볼트 테일러처럼 하나의 스토리를 선택해 프레젠테이션 전체를 이끌어가는 것도 괜찮다. 아니면 다른 많은 TED의 명 연사처럼 몇 가지 스토리를 하나로 묶어 이야기할 수도 있다.

여기서 나올 수 있는 첫 번째 질문은 '어떤 스토리를 말할 것인가'이다. 가장 좋은 방법은 연사 자신의 개인적인 경험이나 관찰을 통해 알게 된 것들을 스토리로 묶어 이야기하는 것이다. 그런데 반드시 그래야만 할까? 대답은 '아니요'이다. 이 규칙을 따르지 않은 한 가지 좋은 사례가 있다. 「블링크Blink」와 「티핑 포인트Tipping Point」의 저자이자 대중심리 연구자인 말콤 글래드웰Malcolm Gladwell의 프레젠테이션 '스파게티 소스'가 대표적이다. 그의 핵심 메시지는 '인간의 다양성이야말로 행복으로 향하는 가장 확실한 방법'이라는 것이다. '사람들은 하나의 맛을 가진 스파게티 소스가 아니라 다양한 맛을 가진 스파게티 소스를 원한다.'라는 것이 핵심이다. 이를 입증하기 위해 말콤 글래드웰은 다른 사람을 스토리의 주인공으로 내세웠다.

"그래서 저는 이 사람에 관해 이야기하기로 결정했습니다. 오늘 제가 얘기하려는 사람은, 제가 생각하기에는 지난 20년 동안 미국인들을 가장 행복하게 해준 사람입니다. 제게는 영웅이나 마찬가지지요. 그의 이름은 하워드 모스코위츠Howard Moskowitz입니다. 스파게티 소스를 아주 새롭게 탄생시킨 가장 유명한 인물입니다. 하워드의 키는 이 정도이고, 몸집은 이 정도, 그리고 나이는 60대입니다. 커다란 안경을 썼고, 머리카락은 가는 백발입니다. 놀라울 정도로 왕성한 활력을 자랑하고, 앵무새를 키우며, 오페라를 즐깁니다. 또 중세 역사에 열광하는 마니아이기도 합니다."

몇 개의 문장을 통해 말콤 글래드웰은 두 가지를 성공적으로 만들어냈다. 하나는 머리가 희끗희끗한 별난 성격의 하워드 모스코위츠를 활기찬 인물로 시각화한 것이다. '말하지 말고, 그저 보여주기만 하라.'는 스토리텔링 법칙을 충실히 따른 것이다. 이 것을 방법을 바꿔 "하워드 모스코위츠 박사는 다재다능한 르네상스 스타일의 교양인입니다."라고 말할 수도 있다. 그리고 이 소개가 더 직접적이기도 하다. 그러나 말콤 글래드웰은 하워드 모스코위츠가 앵무새, 오페라, 중세 역사에 관심이 많다는 사실을 언급함으로써 직접적인 설명보다 더 효과적으로, 게다가 멋지게 묘사해냈다.

두 번째 성공은 하워드 모스코위츠를 스토리의 영웅으로 만든 것이다. 프레젠테이션 할 때 연사가 절대 하지 말아야 할 금기사항 중 하나가 '자신을 청중보다 우월한 존재로 부각하는 것'이다. 연사는 늘 청중과 동등한 위치에 서 있고, '그들을 어딘가로 안내한다.'는 생각으로 스토리를 이끌어야 한다. 결코, 우월한 존재인 것처럼 보여서는 안 된다. 이를 구현하는 데 있어 가장 효과적인 방법이 자신 이외의 다른 누군가를 내 스토리의 영웅으로 만드는 것이다. 그러면 청중은 연사를 실패도 경험했으며, 약점도 있고, 좌절도 해 본 자신과 똑같은 사람으로 여기게 된다. 내가 가장 좋아하는 연설 전문가 중 한 사람은 토스트마스터스 세계 대중 연설 챔피언을 거머쥐었던 크레이그 발렌타인Craig Valentine이다. 그는 늘 이렇게 강조한다. "여러분이 청중과 절대 다르지 않다는 인상을 심어주어야 한다. 여기에는 특별한 방법이 필요하다." 그가 말한 특별한 방법은 '사심 없이 청중과 스토리를 공유하는 것'이다.

「먹고, 기도하고, 사랑하라」의 저자 엘리자베스 길버트Elizabeth Gilbert는 TED 프레젠테이션에서 갑작스럽게 이뤄낸 자신의 성공을 언급하며 부지불식간에 이 규칙을 무시했다.

"제가 최근 회고록인「먹고, 기도하고, 사랑하라」라는 제목의 책을 집필했는데, 전작들과는 달리 몹시 어렵게 출간되었습니다. 이 책이 지금까지 집필한 책들과는 아주 다른, 좀 이상한 성격의 책이었기 때문이죠. 그런데 놀라운 것은 이 책이 출간되자마자 엄청난 반향을 일으키더니 전 세계적인 베스트셀러가 됐다는 것입니다."

사실 이 멘트는 분위기를 가볍게 만들어보려는 순수한 의도에서 시작한 자기비하 형식의 농담이었다. 그리고 자신은 이 정도로 반향을 일으킬 만한 베스트셀러를 앞으로는 절대 만들어내지 못할 것이라는 역설이 담긴 농담이었다. 그런데 역효과가 나고 말았다. 게다가 그녀는 프레젠테이션을 마무리하기 직전, 당시 출간을 앞두고 있던 '위태로울 만큼, 깜짝 놀랄만한, 아주 오랫동안 기다려온「이상한 성공작의 후속편」이라는 책을 언급하면서 이 멘트를 한 번 더 했다. 물론 좋은 의도에서였다. 사실 전혀 예상치도 못했던 엄청난 성공에 그녀도 놀라움을 금치 못했을 것이다. 그러니 지구상에서 가장 놀란 사람이 그녀 자신이었음은 당연한 일이다. 그런데 문제는, 이처럼 엄청난 성공에 대해 자신도 놀라웠다는 사실을 공유한다는 것이 그만 자신을 청중보다 우월한 위치에 올려놓고 말았다는 데 있다. 길버트의 실수는 이후로도 계속됐다. 그녀의 프레젠테이션 '회의를 극복하는 방법, 당신의 열정을 좇아라.'는 가장 많은 조회 수를 기록한 TED 프레젠테이션 상위에 올라 있다. 이는 분명 나를 포함해 수백만의 사람에게 앞으로도 계속 영향을 미칠 것이다. 그러나 프레젠테이션에서 자신을 띄우는 것, 심지어 그렇게 보이는 것조차도 삼가기 바란다.

어떤 내용을 프레젠테이션의 스토리로 만들지 선택했다면 이제 스토리의 구성을 고민해야 한다. 이미 검증된 방식이라고 해서 단순히 주인공을 설정하고, 감정을 유발한 후 갈등 구조를 만들어 결론에 이르는 식의 뻔한 구성은 곤란하다. 그러면 고전적인 영웅 스토리가 될 뿐이다. 장점과 단점, 복합적 성격을 두루 갖춘, 있는 그대로의 진정한 주인공이 청중의 관심을 끄는 주인공의 전형이기 때문이다. 청중은 주인공의 특성을 파악함으로써 자신 또는 자신이 신경 쓰는 사람들을 주인공에 대비시킨다. 다음으로, 청중의 감정이입을 유도하려면 주인공을 소개할 때 무척 실제적인 표현을 동원하는 것이 좋다. 주인공으로는 사람이 가장 효과적이지만, 반드시 사람이어야 할 이유는 없다. 회사, 동물, 특정 장소, 혹은 여러분이 원하는 모든 것이 스토리의 주인공이 될 수 있다. 그리고 앞으로 전개될 갈등 구조를 설정하기 위해 스토리에 등장하는 주인공 간의 필요와 욕구를 분명하게 해야 한다.

이제 청중을 여러분의 스토리로 초대해 주인공의 이야기를 직접 경험할 수 있도록 해야 한다. 스토리에 등장하는 주인공들은 서로 다른 뚜렷한 개성을 갖고 있고, 이러한 개성은 자세와 몸짓과 같은 겉으로 보이는 외형적 모습에서부터 다른 이들의 주인공에 대한 평가, 목소리의 톤, 특징과 갈망 등 내면적인 모습까지 모두를 포괄해야 한다. 주인공을 소개할 때도 어떤 인물인지를 설명하려 하지 말고 역동성이 느껴지도록 대화를 활용하는 것이 훨씬 좋다. 그래야 스토리에 재미를 더할 수 있기 때문이다.

무대 위에 가상으로 등장하는 주인공들의 위치도 고정되어 있어야 한다. 어떤 한 주인공에 관해 이야기하고 있다면 해당 주인공의 위치에 서서 이야기해야 한다. 그러다가 상황 설명을 해야 하는 순간이 오면 한 발짝 앞으로 나아가 이야기하고, 다시 원래의 주인공 자리로 돌아와 주인공에 관해 이야기하면 된다.

스토리 속 주인공 간의, 그리고 주인공의 욕구 간의 장애물을 설정해 갈등 구조를 만들어내면 청중의 공감을 더 쉽게 불러일으킬 수 있고, 문제를 해결하는 방안을 함께 고민하도록 유도할 수 있다. 만약 그렇게 하기에 시간이 부족하다고 판단되면 장애물을 하나만 설정하는 것도 효과적이다. 그러나 최선의 전략은 주인공의 코앞에 당근을 하나 놓고, 당근을 쟁취하기 위해 넘어야 할 높은 장벽들을 끊임없이 설치하는 것이다. 이것이 스토리의 강도와 긴장감을 높이는 방법이다. 스토리 속에 설정하는 장벽들은 인간의 내면, 대인관계, 사회적 갈등 등 어떤 것이라도 상관없다.

스토리의 클라이맥스 부분은 할리우드 시나리오 작가의 작품을 참고하기 바란다. 선과 악 중에서 하나를 선택하면 결론을 내리기도 좋고 청중이 이해하기도 쉽다. 그리고 믿을만한 주인 공은 언제나 스토리의 모든 단계에서 최소한의 보수적 행동만 한다. 그러나 흥미진진한 스토리는 영웅에게 2개의 선, 혹은 2개의 악 사이에서 선택을 강요당한다.

모든 스토리의 결말은 완벽한 긍정이거나 완벽한 부정이 돼야 한다. 영화는 가끔씩 손에 땀을 쥐게 하는 상황에서 끝나버리는 일도 있는데, 이런 장치는 철저히 속편을 고려해 여운을 남길 때만 사용하는 것이다. 긍정적인 결말은 매우 효과적으로 청중에게 영감을 불어넣을 수 있다. '나도 할 수 있어!'라는 자신감을 심어줄 수 있기 때문이다. 이와 달리 가르침이 목적이라면 조언이 담긴 스토리가 더 효과적이다. 고통보다는 즐거움이 사람들의 동기를 유발하는데 더 강력한 힘을 발휘하는 만큼 여러분의 스토리도 긍정적인 결말을 선택할 것을 추천한다. 스토리의 결론은 청중에게 자신만 알고 있는 지혜를 전달할 좋은 기회이다. 여러분이 전달한 스토리에 대해 여러분이 받은 느낌 그대로의 감성을 싣는다면 결말에 깊이를 더할 수 있다.

건설 현장이나 법 집행 등 위험 직업군에 종사하는 청중을 대상으로 하는 안전의식에 관한 프레젠테이션이 아니라면 재난 스토리는 될 수 있으면 피하는 게 좋다. 안전의식에 관한 프레젠테이션이라면 "잘 들으세요. 그렇지 않으면 부주의 때문에 충분히 예방 가능한 사고로 여러분이 죽을 수 있습니다."라고 장황하게 설명하는 것보다 "주목하세요."라는 한 마디가 더 효과적이다. 굳이 재앙으로 결론이 나는 스토리를 이야기하고 싶다면, 결말 부분에서는 주인공들이 운명을 비껴갈 방법을 최대한 고민해야 한다.

훌륭한 스토리는 청중이 연사의 설명을 따라가면서 하나씩 하나씩 스스로 지혜를 발견하게 하는 것이다. 이러한 미묘함은 노골적으로 결론에 집중하지 않을 때 가능하다. 양파 껍질 벗기듯 청중이 스스로 껍질을 하나씩 벗겨나가도록 하려면 스토리에 감각적 디테일을 녹여야 할 뿐만 아니라, 개성과 감성이 담긴 콘텐츠가 풍부하게 녹아 있어야 한다.

스토리가 객관적일 필요는 없다. 실제로 흥미진진한 스토리는 대부분 주관적인 관점에서 전개된다. 여러분의 주관적 감성이 스토리 속에서 빛을 발하도록 해야 하고, 이는 여러분이 전달하려는 메시지가 확고한 믿음을 기반으로 할 때만 가능하다. 또한, 이런 주제에 흥미를 더하려면 복합적이면서도 뚜렷이 차별화되는 관점이 살아있도록 구성되어야 한다.

환멸감이 느껴지는 상황에서조차도 부정적인 스토리보다는 긍정적인 스토리가 훨씬 더 성공적일 수 있다. 잘못된 부분을 먼저 분명히 짚고 나서 긍정적인 결론으로 옮겨가라는 의미다. 청중은 진정성에 더해 열정과 재미까지 줄 수 있는 연사와 스토리를 원한다.

여러분이 실제로 스토리의 감성 라인을 그리고 싶어 할 수도 있다. 그런 경우 스토리의 감성 라인은 스토리 속 주인공들이 현재 상황에서 자신이 원하는 상황으로 점진적으로 옮겨갈 수 있도록 해주어야 한다.

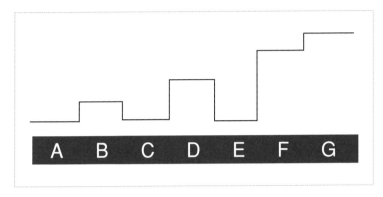

<그림> 샘플 스토리라인(청중의 감성 여행도 이 라인을 따른다.)

위 그림에서 주인공은 A지점에 갇혀 있고, 현재 위태로운 상황이다. 비유하자면 청중이 건전한 의구심 혹은 완전한 불신을 갖고 A지점에서 여행을 시작하는 것이다. B지점에서 주인공은 첫 번째 장애물을 만나고 긍정적인 방향으로 전진하려 한다. 그러나 C지점에서 우리의 영웅은 자신이 취했던 행동이 필요한 것이기는 했지만, 충분치는 못했다는 사실을 깨닫는다. 그리고 나서 D지점에 이르면 또다시 극복해야 하는 다른 도전이 그를 기다린다. 주인공이 E지점에서 취한 두 번째 행동도 분명 필요한 것이기는 했지만, 여전히 불충분하다. 그러면 또다시 긴박한 상

황이 전개된다. 세 번째 장애물인 F지점의 장벽은 전과는 달리 훨씬 더 높고 견고하기까지 하다. 몇 차례 장애물을 넘기 위해 쏟았던 노력을 이제는 한꺼번에 총체적으로 쏟아 부어야 한다. 그래야 원하는 목적지인 G지점에 도달해 새롭게 시작할 수 있다. 그림의 전체적인 스토리라인은 주인공이 단계마다 밟아야 할 3가지 행동, 혹은 3가지 전략을 모두 아우르고 있다.

스토리에 담긴 모든 핵심 포인트에는 한두 개 정도의 강렬한 이야기와 사실이 녹아들어 있어야 한다. 이번 장에서 살펴본 내용은 여러분이 풍부한 감성과 대화로 가득 찬 스토리를 구성하는 데 많은 도움이 되었을 것이다. 다음 룰에서는 유명한 TED의 스토리텔러들이 언어적, 비언어적 표현을 어떻게 자유자재로 구사하는지 알아본다.

Key Point

| 개인적 경험이나 관찰을 통해 알게 된 것들을 스토리로 묶어 이야기하라.

2 감수성이 풍부한 묘사, 진정성 있는 주인공, 풍부한 대화를 사용하라. "말하지 말고, 그저 보여주기만 하세요."

3 궁극적인 성공으로 향하는 주인공이 도전에 직면하고 이를 극복해 가는 과정에 청중도 참여하도록 유도하라.

TED Tips

스토리텔링으로
진실을 전하라

설치 미술 엠파시 뮤지엄Empathy Museum의 설립자 클레어 패티
Clair Patey는 "스토리텔링은 세상을 다른 시각으로 바라보게 하는
힘이 있으며, 새로운 세상으로 인도하는 입구이다."라고 했다.
스토리텔링은 신경과학적으로도 인간의 공감 능력을 향상시켜
주는 효과가 있다. 스토리텔링은 쌍방향으로 이루어지므로 이
야기를 시작하면 말하는 사람과 듣는 사람의 뇌가 서로를 '미러
링Mirroring'하기 시작한다. 즉 화자와 청자는 감정적인 공감을 넘
어 육체적인 교감에 이르게 된다.

TED 연사들은 스토리텔링의 이런 효과를 잘 알고 있는 것 같다. 강연을 듣다 보면, 특별한 상황을 설명하는데도 묘사가 탁월해 눈앞에 그리듯 설명하는 연사들을 볼 수 있다. 사이몬 시넥 Simon Sinek의 2014년 TED 강연 '좋은 리더들이 당신에게 안정감을 주는 이유Why good leaders make you feel safe'를 보면 그의 스토리텔링 능력이 드러난다. 그는 윌리엄 스웬슨William Swenson이라는 대위를 주인공 삼아 강연을 시작했다.

스웬슨 대위는 아프가니스탄 습격 당시 불 속으로 뛰어들어 다친 군인들을 구했고 사망한 사람들의 시신을 끌어낸 것으로 유명했다. 당시 우연히 카메라를 장착한 사람이 있어 구조 현장이 영상에 담겼다. 사이몬은 영상에서 자신이 인상 깊게 본 장면을 이야기했다. 스웬슨 대위가 목에 총상을 입은 군인을 구해 안전한 곳으로 옮긴 후, 그에게 입을 맞추고 더 많은 군인을 구하러 돌아가는 모습이었다. 그 장면을 보고 사이몬은 깊은 사랑과 전우애를 느꼈고, 좋은 리더의 자질은 이처럼 부하를 사랑하고 인격적으로 존중하는 것이라고 말했다. 강연 전체가 윌리엄 스웬슨 대위에 관한 이야기는 아니었지만, 그에 관한 이야기로 연사는 이상적인 리더의 이미지를 청중의 머릿속에 그려줬다.

그는 또 다른 뛰어난 리더를 주인공 삼아 자신이 말하고자 하는 바를 드러냈다. 대규모 제조회사를 운영하는 밥 채프먼Bob Chapman은 큰 곤경에 처했다. 2008년 금융위기로 인해 하루아침에 매출이 30%나 떨어졌다. 회사는 유동자금으로 천만 달러가 필요했고 구조조정이 해결 방안으로 제시됐다. 그러나 밥은 이를 거절했다. 사람의 수가 중요한 것이 아니라 마음이 중요한 것이라고 하며 새로운 방법을 시도했다. 모든 직원이 의무적으로 4주간 무급 휴가를 가도록 하는 것이었다. 언제 가든, 이어서 가든, 나눠서 가든, 직원들의 자유였다. 그러면서 밥은 몇몇 직원이 모든 피해를 당하는 것보다 모두가 조금씩 손해를 보는 것이 낫다고 강조했다. 이후에 회사는 2천만 달러를 확보할 수 있었으며, 훌륭한 리더에게 안정감을 느낀 직원들은 서로를 지원했다. 형편이 어려운 사람은 일하게 해주었고 형편이 나은 사람은 조금 더 오래 휴가를 썼다.

이와 같은 이야기를 통해 청중들은 이상적인 리더 밥 채프먼이 고난을 이겨내는 과정을 생생하게 볼 수 있게 되었다. 이 이야기는 짧지만 기승전결이 있고, 우러러 볼 수 있는 주인공이 있는 이야기이다. 스토리텔링은 프레젠테이션이 전하고자 하는 메시지에 상세한 예시를 보여주는 효과가 있다. 사이몬 시넥은 삶에 응용 했을 때 '좋은 리더'가 어떤 모습인지를 청중에게 몇 가지 사례로 보여준 것이다. 나아가 실제 인물과 실제 사건을 대입함으로써 신뢰성을 더했다.

영국 보건 재단의 커뮤니케이션 담당 이사 캐시 어빙Cathy Irving 에 의하면 "스토리텔링은 우리에게 꼭 필요한 커뮤니케이션 도구"라고 했다. 또한, 스토리텔링은 단순히 사람들의 이목을 끌 뿐만 아니라, 어떤 문제에 관해 생각하도록 해주고 더욱 깊은 공감을 유발한다. 청중들이 다방면으로 생각하고 자신의 삶과 비교하며 응용해볼 수 있도록 프레젠테이션에 놀라운 주인공과 더 놀라운 이야기를 등장시켜 보자.

TED

PART II

멋진 발표자료,
훌륭한
프레젠테이션

TED

열정적인
스토리텔러가
되라

TED 프레젠테이션 무대를 멋지게 꾸미고 싶다면 말 잘하는 법도 배워야 한다. 다행히도 대중 연설은 일상적인 대화의 확대 버전이나 마찬가지라서 연습할 기회가 많다. 그러나 이는 양날의 칼이기도 하다. 평소 대화를 할 때 불쑥불쑥 튀어나오는 좋지 않은 습관들이 프레젠테이션 도중에도 부지불식간에 튀어나올 수 있기 때문이다. 그러나 조금만 노력을 기울인다면 이런 습관은 프레젠테이션 무대에서도, 일상생활에서도 충분히 고칠 수 있다.

스토리텔링 정규 교육을 받았거나, 달변인 연사를 제외한

TED 연사들은 한두 개 정도의 화법을 주로 사용한다. 만약 학구적 스타일의 연사라면 괴짜 스타일의 교수 화법을 구사할 수 있다. 이것이 어떤 스타일인지 충분히 짐작할 수 있을 것이다. 이런 연사를 만나면 '와, 저 사람 진짜 괴짜네. 자부심도 대단한걸!' 하고 머릿속으로 외치고 있을 테니 말이다.

대부분의 TED 연사들은 일대일 대화를 하는 것처럼 프레젠테이션 내내 열정적인 톤을 유지한다. 그러나 스타일을 좀 특별하게 하고 싶다면 진정성과 흥미, 그리고 겸손이 담긴 여러분만의 톤으로 이야기하면 된다. 일상에서 늘 사용하는 의미가 분명한 단어를 사용해 간결하면서도 완전한 문장을 구사하는 것이 그 방법이다. TED 프레젠테이션에서는 일반적으로 초등학교 6학년 정도의 어린이도 알아들을 수 있는 수준의 언어를 사용한다. 여러분의 열정적인 스토리는 언어 자체가 아닌 전염성 강한 호기심, 궁금증, 그리고 경외감을 통해 빛을 발해야 한다. 겸손함을 표현하고 싶다면 자신이 가진 전문성을 다른 사람과 무료로 공유하는 지식기부자의 역할을 상상하기 바란다. 연사가 자신을 홍보하려는 낌새가 조금이라도 느껴지면 청중의 호감은 급격히 떨어진다는 사실을 명심하라.

스티브 잡스Steve Jobs는 열정적인 이야기꾼의 대표적인 인물이다. 2005년 스탠퍼드 대학 졸업 연설이 그의 명연설로 꼽히지만, 그 이후의 맥 월드Mac World 연설 또한 진한 감동을 선사하는 명연설이다. 그의 연설은 '놀라운', '믿기 어려운'과 같은 과장된 언어로 가득 차 있다. 그의 연설을 듣고 있으면 이 세계를 더 나은 세계로 탈바꿈시키기 위해 그가 얼마나 많은 노력을 기울이고 있는지 그대로 전해져, 듣는 사람도 자연스레 그가 하는 일에 동참하고 싶다는 생각을 하게 만든다.

여러분이 평범한 사람이라면 프레젠테이션 내내 쓸모없는 군더더기 단어들로 가득 채울 가능성도 있다. 왜냐하면, 사람들은 침묵이 불편하다고 느껴질 때 군더더기 단어를 사용하기 때문이다. 가장 일반적인 표현이 "음", "아"와 같은 것들이다. 그러나 여기서 한 발 더 나가 "그래서", "사실"과 같은 표현을 하는 예도 있고, 심한 경우 자주 입맛을 다시는 사람도 있다. 이와 유사한 것들 중에 이보다 더 심각한 것은 다음에 할 말을 생각하면서 습관적으로 사용하는 표현들이다. "거 뭐, 있잖아.", "그러니까", "뭐랄까", "대략"과 같은 표현이 그것이다. 이런 표현들이 말 중간마다 튀어나오게 되면 당연히 뭔가 좀 부족해 보인다.

이런 습관을 없애는 가장 좋은 방법은 '열정적인 이야기를 한참 쏟아낸 후 잠시 멈추는 것'이다. 열정을 담아 속사포처럼 이야기를 쏟아낸 후 잠깐만 말을 멈춰보라. 이 테크닉은 군더더기를 쏟아내는 습관을 고치는데도 좋지만, 청중에게 충분한 자제력이 있는 연사라는 이미지도 심어줄 수 있다. 잠깐의 침묵은 연사에게도 도움이 된다. 다음 단계에서 폭발적으로 전개할 스토리의 구조를 잠시나마 생각할 수 있는 시간을 벌 수 있기 때문이다. 또한, 청중에게도 스토리를 곰곰이 생각해볼 수 있는 시간을 줄 수 있다. 멈춤이 다소 길어지면 미묘해질 수도 있지만, 강렬한 느낌표처럼 극적인 효과를 얻을 수도 있다. 왜냐하면, 청중의 주의를 집중시킬 수 있기 때문이다. 그래서 잠시 멈춤은 언제라도 사용할 수 있는 아주 좋은 테크닉이다.

잠시 멈춤 테크닉을 통해 군더더기 표현을 사용하는 습관을 고쳤다면 이제 재미있는 프레젠테이션이 될 수 있는 화법을 고민할 차례이다. 목소리의 크기를 조절하는 것부터 시작해보자. 부드럽고 작은 목소리로 이야기를 시작하면 청중은 앞으로 몸을 기울여 자세히 들으려 할 것이다. 반대로 큰 목소리로 이야기를 시작해도 청중의 주의를 집중시킬 수 있다. 둘 중 어떤 것이든 깊은 심호흡과 함께해야 한다. 그래야 맨 뒷줄에 앉은 청중도 충분히 들을 수 있다. 두 번째는 속도에 변화를 주는 것이다. 예를 들어, 흥분을 고조시키려면 천천히 속도를 올리면서 문장을 짧게 끊으면 된다. 좀 더 극적인 상황을 연출하고 싶다면 고음과 저음을 사용해 목소리 톤과 억양에도 변화를 줘야 한다.

말하기 연습은 프레젠테이션에서의 화법뿐 아니라 프레젠테이션에 사용할 단어의 선택에도 적용된다. 청중의 흥미를 유발하고자 한다면 생동감, 표현력, 감각적 디테일이 살아있는 단어를 자유롭게 구사할 수 있어야 한다. 가장 쉽게 시작하는 방법은 말하고자 하는 광경이나 모습, 소리, 냄새와 같은 것들을 자세히 설명하는 것이다. 미각과 촉각을 적절히 섞을 수도 있다. 그렇다고 해서 너무 장황하게 설명하면 청중이 상상 속에서 헤어나지 못할 수도 있으니 주의해야 한다.

1936년 출간된 데일 카네기_{Dale Carnegie}의 고전인 「인간관계론」에서는 '사람의 이름은 그 어떤 언어보다 달콤하고, 그 어떤 언어보다 중요하다는 사실을 명심하라.'고 강조한다. 수백, 수천 명의 청중 앞에서 프레젠테이션 하면서 10여 명의 이름을 부르는 것은 그다지 좋은 방법이 아니다. 이럴 때는 '여러분'이라는 단어를 사용하면 된다. 이 단어가 오히려 청중에게 친밀감을 준다. 실제로 최고의 TED 연사들은 '나'라는 단어보다 '여러분'이라는 단어를 두 배 이상 더 사용한다.

'여러분'이라는 단어는 '여러분들', '모두', '여러분 모두', '여러분 중 몇몇'과 같은 복수형으로도 사용된다는 사실을 기억해두기 바란다. 연사와 청중을 모두 포괄하는 단어를 사용하려면 '우리'를 사용하면 된다. 질문할 때는 "여러분 중 몇 분이나 시도해보셨습니까?"라고 하는 대신 "여러분은 시도해보셨습니까?" 혹은 "시도해보신 경험이 있는 분은 손을 들어보세요."와 같은 표현을 사용해야 한다.

Key Point

I 열정을 담아 일대일 이야기처럼 프레젠테이션 하라.

2 목소리의 크기와 톤을 조절해 변화를 줘라.

3 단수형 단어인 '여러분'을 자유롭게 사용하라.

TED Tips

콘텐츠를 빚는
모든 요소를 점검하라

유독 생동감 있게 이야기하는 사람을 만나본 적이 있는가?
일상적인 이야기 혹은 아주 조금 특별한 이야기도 그 사람이 하
면 시트콤 내용을 듣는 것 같거나, 한 편의 로맨스 영화를 보는
것 같다는 느낌이 드는 사람이 있다. 아주 재미있거나 화술이 좋
은 주변사람을 한두 명 떠올려보라. 그들의 이야기가 살아 움직
이는 비결은 무엇일까?

TED 연사들은 대체로 드라마틱하게 프레젠테이션 하는 것

167

을 확인할 수 있다. 이는 서양 화법의 특징이기도 한데, 다양한 표정과 큰 동작, 변화의 빈도가 더 잦은 목소리 크기와 톤 등이 있다. 그렇다 보니 TED 강연을 들을 때면 모노드라마를 보는 느낌이 들 때도 있다. 연극이나 뮤지컬이 관중 몰입도가 높은 것을 고려하면, 프레젠테이션 역시 다수의 청중을 대상으로 하는 만큼 어느 정도는 동작을 크게 하고 표정을 도드라지게 보여주는 것이 효과적이다. 다만 청중에게 다가가는 태도와 말투에서 일대일 대화처럼 개인적인 요소를 더하면 더욱 좋다.

2016년 TED 강연에서 '자유 시간을 지배하는 법How to gain control of your free time'을 강연한 로라 밴더캄Laura Vanderkam은 풍부한 표정과 말투를 보여줬다. 그녀에게서 특히 배울 점은, 강조하고 싶은 키워드를 말하기 전 마치 '싱코페이션Syncopation'을 사용하듯 잠시 뜸을 들였다는 것이다. 예를 들면, "우리가 꿈꾸는 삶은 시간을 아낀다고 만들어지는 게 아니에요."까지 말한 뒤 잠시 쉬고, 느린 템포로 이어서 "우리가 꿈꾸는 삶을 만들면, 시간이 저절로 절약되는 거죠."라고 말했다. 이는 같은 구조는 후자를 강조하는 효과를 낸다. 이처럼 강조점 앞에서 잠시 뜸을 들인 후 강조하고 싶은 말을 천천히 짚어주며 말하는 방식은 일상적 대화에서는 잘 쓰지 않지만, 프레젠테이션에는 무척 유용한 테크닉이다. 과하지만 않다면 프레젠테이션의 극적인 요소로 활용할 수 있다.

이 뿐만 아니라 그녀는 무언가를 나열하거나 청중이 어느 정도 알만한 것에 대해 설명할 때는 빠르게 말하고, 강조할 단어에는 다시 뜸을 들여 집중시켰다. 또, 클리셰Cliché, 그러니까 뻔하거나 청중이 많이 들어본 말을 할 때는 말투에도 이를 반영했다. 그래서 연사 본인도 이 말이 클리셰라는 것을 알고 있다는 느낌이 청중에게 전해진다. "여러분들이 지난 한 해의 성취를 돌아보고, '성장의 기회'를 되짚어볼 때"라는 말을 하며 그녀는 '성장의 기회'를 마치 인용구처럼 말했다. 그녀는 이 말 자체가 클리셰라는 것을 알고 있다는 의미까지 담아 말투와 목소리 톤으로 풍자해냈다. 이러한 특징으로 그녀의 강연은 눈을 감고 들어도 연사의 표정과 제스처가 상상될 만큼 생동감 넘친다.

그렇다면 일대일 대화처럼 느껴지도록 하는 개인적인 요소에는 어떤 게 있을까? 그녀는 강연 중 유독 '우리'라는 말을 많이 사용했다. 이는 자신이 강연에서 제시하고 있는 시간 낭비라는 문제점과 그것을 해결하고자 고민하는 모든 과정을 청중과 공유한다는 것을 의미한다. 일례로 그녀는 자신이 진행하는 시간 관리에 관한 강의에 늦었던 일화를 이야기하며 자조적인 유머를 선보였다. 청중에게 "당신만의 문제가 아니에요, 하물며 시간 관리에 관해 강의하는 저도 늦었습니다."라는 메시지를 강력하면서도 친근하게 전달했다.

이처럼 뛰어난 표현력을 갖춘 연사도 있는 반면, 목소리 톤과 속도 조절에 있어 서툰 사례도 볼 수 있다. 너무도 유명한 테슬라Tesla의 CEO 일론 머스크Elon Musk가 그 주인공이다. 그는 2017년 TED에서 '우리가 건설하고 있는—천공하고 있는 미래The future we're building-and boring'라는 제목으로 크리스 앤더슨Chris Anderson과 대담했다. 그는 혼자 진행하는 프레젠테이션이 아닌 인터뷰 형식으로, 교통체증을 해결하기 위해 3차원 지하터널을 건설하는 사업에 대해 소개했다.

그는 진지하게 본인이 사업을 하는 이유와 활용할 기술, 그리고 이것이 인류의 생활을 어떻게 바꿀 것인지에 관해 이야기 했다. 하지만 어려운 전문 용어와 무미건조한 톤과 표정으로 인해 흥미로운 내용이 온전히 전달되지 못했다. 크리스 앤더슨이 '천공작업'의 의미와 '지루한'이라는 이중적 의미가 있는 '보어링Boring'이라는 단어를 활용해 농담으로 "왜 당신은 보어링합니까?" 즉 "왜 당신은 지루합니까?"로 해석될 수 있는 질문을 했으나, 일론 머스크는 이도 역시 진지하게 대답했다. 아마 청중은 이러한 장면에서 어색함을 느꼈을 것이다.

일론 머스크의 대답은 전문적인 분야를 이야기하는 만큼 조금 더 청중이 이해하기 쉬운 단어와 표현을 사용했으면 하는 아쉬움이 남는다. 또한, 인터뷰어의 질문에만 답하는 것을 넘어서 앞에 청중이 앉아 듣고 있다는 점을 고려해 답변했다면 더 좋았을 것이다. 곧 다시 TED에서 보게 될 것으로 예상되는 그의 강연은 그의 대담한 도전만큼이나 더욱 훌륭해질 것으로 기대해 본다.

앞서 다룬 사례들로 콘텐츠를 전달하는데 있어서 목소리 톤,

속도, 크기 등이 얼마나 중요한지 알아보았다. 전달하고자 하는 콘텐츠가 100인데 30 혹은 20밖에 전달되지 않는다면 그처럼 아까운 일도 없을 것이다. 내 시간을 효율적으로 사용하고 또 청중에게 효과적으로 다가가기 위해서라도 적절한 단어, 목소리 톤과 크기, 말의 속도, 표정 등에도 신경 쓰도록 하자.

스토리에
유머를
녹여라

유머를 배우기 전에 먼저 알아야 할 원칙은 '유머는 놀라움에 뿌리를 두고 있다.'는 사실이다. 사람은 예상을 뒤엎는 반전이 있을 때, 감각적인 부분에서 자극받을 때 잠깐의 당혹감을 느끼지만 동시에 즐거워한다. 나는 유머러스한 사람은 아니다. 적어도 나는 그렇게 생각한다. 하지만 사람은 자신의 내면에 숨겨진 유머 기질을 겉으로 드러내 표현하고 싶어 한다. 지금부터 프레젠테이션에 유머를 더하는 몇 가지 기법을 살펴본다.

누구나 쉽게 할 수 있고 충분한 효과까지 거둘 수 있는 유머는 자기비하 유머이다. 우리는 사회라는 공동체에 살고 있기 때문에 체면치레 같은 것들에 길들어 있다. 따라서 연사가 틈을 보여주고 일반인과 다르지 않은 똑같은 인간이라는 점을 드러내게 되면 자연스럽게 웃음이 유발된다. 청중은 과거에 자신이 했던 잘못된 판단에 관해 이야기해주면 즐거워한다. 성격적인 결함을 공개했을 때도 마찬가지고, 심지어는 육체적인 고통의 경험을 이야기해도 청중은 웃는다. 물론 고통은 이미 극복한 이후에 했을 때만 해당한다. 다음 유머를 한 번 생각해보자. 영화감독이자 배우인 멜 브룩스Mel Brooks는 한발 더 나아갔다. "(여러분의 처지에서 생각한다면) 비극은 손톱이 부러졌을 때고, 유쾌함은 길을 걷던 제가 맨홀에 빠져 죽었을 때입니다."

뇌 과학자인 질 볼트 테일러는 TED 프레젠테이션에서 자신에게 찾아온 뇌졸중에 관한 연구를 어떻게 시작하게 됐는지에 관해 이야기했다. 이 주제는 청중의 눈물샘을 자극하기에 충분한 주제였다. 그러나 테일러는 자신이 얼마나 멍청한 사람인지를 숨김없이 드러내 청중의 눈물샘이 아니라 배꼽을 자극했다.

"바로 그 순간, 제 오른팔이 완전히 마비됐습니다. 그제야 깨달았죠. '세상에나! 뇌졸중이잖아, 내가 뇌졸중이잖아!' 다음 순간 머릿속에서 제게 이렇게 말하고 있더군요. '와, 멋진걸. 아주 멋져! 자기 자신의 뇌를 직접 연구할 기회를 가진 뇌 과학자가 이 세상에 몇이나 되겠어?'"

과장된 현실은 언제나 웃음을 유발한다. 과장된 현실을 이용해 유머를 던지는 가장 간단한 방법은 평범한 사람을 매우 특이한 상황에 부닥치도록 하거나, 별난 사람을 지극히 평범한 상황에 부닥치도록 하는 것이다. 극한 상황에 처한 위험을 아무렇지도 않은 듯 무시하거나, 가벼운 경범죄에 대해 경천동지할 반응을 보인다거나, 아무 의미도 없는 무언가를 끈질기게 추구한다거나 하는 것들이 이런 종류의 유머이다.

TED 프레젠테이션 중에서 최다 조회 수를 기록하고 있는 켄 로빈슨의 프레젠테이션에서는 세계적으로 보기 드문 괴짜인 셰익스피어William Shakespeare를 평범한 상황에 부닥친 것으로 설정했다.

"셰익스피어가 어렸을 때는 어땠을까 하고 생각해본 적이 있

으십니까? 7살짜리 셰익스피어는 어땠을까요? 사실 저도 한 번
도 생각해 본 적은 없습니다. 하지만 셰익스피어도 7살일 때가
있었겠죠? 영어수업도 들어야 했을 거고요. 선생님이 이렇게 말
했을 겁니다. '더 열심히 해야 한다.' 얼마나 짜증이 났을까요?
아버지는 잠자리에 그를 눕히면서 또 이렇게 말했겠죠. '이제 잘
시간이다. 연필은 내려놓아야지. 그리고 앞으로는 그런 식으로
말하면 못써. 사람들을 당황스럽게 만들잖니?'"

 사람은 전문가에게서 약간의 틈이라도 보이면 알 수 없는 희
열을 느낀다. 사람이 왜 웃는지 연구하는 전문가들은 이럴 때 '청
중이 권위 있는 전문가보다 자신이 더 낫다고 느끼기 때문에 웃
는다.'라는 결론을 내렸다. 불행하게도 이것을 바꿔 말하면, 여러
분의 삶은 말할 것도 없고, TED 프레젠테이션에서조차도 여러분
이 굴욕을 맛보는 상황에 부닥칠 수 있다는 것을 의미한다. 반면
에 학자와 정치인 등을 유머의 소재로 활용하는 이들도 있다. 사
회과학자인 한스 로슬링Hans Rosling은 '글로벌 경제발전'을 주제로
한 TED 프레젠테이션에서 학자들을 웃음거리로 만들었다.

"그런데 어느 날 밤, 연구보고서를 편집하던 중, 제가 진짜 발견한 것이 무엇인지를 정확하게 알게 됐습니다. 제 보고서가 '우리를 둘러싼 세계에 대해 스웨덴의 최고 학생들보다 침팬지가 더 잘 알고 있다.'는 사실을 보여주고 있더군요. 노벨 의학상을 수여하는 카롤린스카 의과대학Karolinska Institute 교수들의 비윤리적 행동에 관해서도 연구를 해봤습니다. 역시 그들도 침팬지와 크게 다르지 않더군요."

대화 중심으로 짠 여러분의 스토리에 유머를 반드시 녹여 넣기 바란다. 앞서 예로 든 질 볼트 테일러는 자신이 당시 느낀 감정을 굳이 말로 설명하지 않고, 내면의 대화로 풀어냄으로써 멋지게 유머로 바꿨다. 마찬가지로 켄 로빈슨도 셰익스피어의 영어교사, 아버지와의 대화 내용을 가상으로 구성해 유머로 승화시켰다.

'리프Riff'에 관해서도 공부할 필요가 있다. 아마도 여러분이 이런 질문을 할지 모르겠다. "키노트 연설에는 어느 정도의 재미 요소를 섞어야 하나?" 해답이 궁금하다면 극단적인 상황을 생각해보면 된다. 스탠드업 코미디언은 분당 4~5개의 농담을 던진다. 하지만 키노트 연설에서 분당 4~5개의 농담은 너무 많을 뿐만 아니라, 실제로 할 수도 없다. 반면 빌게이츠Bill Gates의 경우는 TED 프레젠테이션에서 좀 지루해졌다 싶으면 10분에 한 번씩 농담을 했다.

내가 약간의 과학적 분석을 해본 결과, 최다 조회 수를 기록한 TED 프레젠테이션 연사들은 키노트 연설을 할 때 분당 평균 2개 정도의 농담을 하는 것으로 나타났다. 그럼에도 웃음코드가 일정한 간격에 맞춘 유머에 있는 것이 아니라 산발적인 유머에 있다는 것을 기억해야 한다. 그리고 유머를 하나 해서 반응이 좋다면 같은 주제에 대해 3개의 유머를 시리즈처럼 '반복'하는 것이 좋다. 재미의 강도를 조금씩 높여가면서 말이다. 켄 로빈슨이야말로 이 분야의 진정한 고수이다.

연사로 무대에 설 때, 대부분은 무대에서 할 수 있는 것이 말뿐만이 아니라는 사실을 종종 잊는다. 특히 유머를 구사할 때 그렇다. 굳이 말을 하지 않고도 생각보다 더 많이 웃길 수 있는 비언어적 테크닉이 있다는 사실도 기억해야 한다. 가장 간단하고 쉬운 방법은 여러분이 준비한 유머에 맞게 표정과 제스처를 취하는 것이다. 짐 캐리Jim Carrey는 표정만으로도 사람들을 웃기는 이 시대 최고의 코미디 천재이다. 하지만 프레젠테이션을 하면서 그렇게까지 과할 필요는 없다. 눈썹을 추켜세운 채 눈을 동그랗게 뜨기만 해도 청중은 웃게 된다. 여러분이 준비한 스토리에 이미 유머 요소가 녹아있을 것이므로 스토리 속의 주인공을 표현할 때 표정만 살짝 바꿔주어도 된다. 이리저리 움직이는 것도 유머의 효과를 극대화하는 방법이다. 무대 위에서 미친 듯이 왔다 갔다 하면 주인공의 신경이 날카로워져 있다거나 무척 놀랐다는 사실을 표현할 수 있다.

유머를 시도했다가 굴욕을 맛보지 않으려면 반드시 피해야 할 유머가 하나 있다. 누군가에게서 들었던 이야기나 어딘가에서 읽은 이야기가 그것이다. 이런 유머는 다른 사람도 이미 알고 있거나 한 번쯤 들었을 가능성이 크다. 언젠가 들은 적이 있는 유머라면 청중은 듣는 순간 김이 샐 것이다. 들어보지 못한 청중마저도 분위기를 통해 이미 알려진 유머라는 사실을 금세 알 수

있다. 짧막한 한마디의 웃기는 멘트를 던지는 식의 유머도 한 물
간 지 오래다. 스탠드업 코미디는 사회 비판과 개인적인 경험을
과장함으로써 웃음을 유발하는데 초점을 맞춘 것이다. 그러니
여러분은 독특한 개인적인 스토리에 주인공, 또 다른 스토리, 그
리고 주인공들의 대화를 극적이게 각색해 자신만의 유머로 만들
어야 한다.

대중 연설은 그 자체만으로도 연사를 초조하게 만들 수 있고,
여기에 더해 유머 요소까지 스토리에 넣어야 한다는 압박감 때
문에 불안감과 초조함을 더욱 고조시킬 수 있다. 그러나 자신에
게 이렇게 물어보라. "이보다 더 나쁜 상황이 또 있을까?" 유머
와 관련해 최악의 상황은 여러분의 유머에 아무도 반응을 보이
지 않고 썰렁한 기운만 감도는 때이다. 아마도 이때 청중은 어
리둥절하고 당혹스러운 표정으로 앉아있을 것이다. 이런 상황
이 두려운가? 하지만 이 순간만 지나가면 아무런 문제가 되지 않
는다. 여러분의 실수를 기억하는 사람도 없을 테고, 어떤 연사
가 유머를 하다 실패했다고 다른 사람에게 소문내고 다닐 청중
도 없을 것이다. 다만 다음에 다시 프레젠테이션 할 기회가 생긴

다면 그때는 더 재미있게 하려고 노력하면 되는 것이다. 어느 날 갑자기 하늘에서 뚝 떨어지는 발명품은 없다. 다른 사람을 웃게 하는 것, 그 비결은 꾸준한 시행착오밖에 없다.

 Key Point

1 자기비하, 과장된 현실, 전문가에 대한 도전을 유머의 요소로 활용해보라.

2 주인공의 대화 속에 유머를 녹여라.

3 같은 주제에 대해 재미의 강도를 조금씩 높인 3개의 유머를 준비하라. 분당 평균 1개 정도의 유머를 구사하는 것이 가능해진다.

TED Tips

유머로
자신만의 강연코드를 만들라

인공지능Artificial Intelligence이 점점 인간의 영역을 파고드는 오늘날, 우리를 특별하게 만드는 것은 무엇일까? 예술의 영역을 비롯해 인간의 감성이 개입하는 분야가 인간 고유의 영역으로 여겨져 왔다. 하지만 최근 '인공지능 가상 예술가Artificial Intelligence Virtual Artist'의 약자인 'AIVA'가 탄생하며, 인공지능이 클래식 음악까지 작곡하는 시대가 되었다. AIVA는 딥러닝Deep Learning 기술을 활용해 바흐, 베토벤, 모차르트 등 유명 작곡가들의 곡을 학습하고 분석해 새로운 창작물을 만든다. 이 인공지능의 창작물은 인간이 만든 곡과 분간이 가지 않을 정도이다. 인공지능이 섬세하게 작곡한 음악을 듣고 있으면 예술 분야도 더는 인간 고유의 영역이 아니라는 사실을 깨닫게 된다. 그렇다면 앞으로 인간에게 남겨질 영역이 있기는 한 것인지 의문이 든다.

심리학적으로 접근했을 때 인류를 특별하게 만드는 것은 기억의 회로, 공감 능력 등이다. 인간은 경험을 바탕으로 기억의 가닥들을 거미줄처럼 엮어 스키마Schema를 만들고 그를 토대로 향후의 행동을 결정해간다. 개인의 기억 거미줄과 같은 스키마는 한 사람의 가치관이 되고, 특정 집단의 기억으로 엮인 거미줄은 곧 문화가 된다. 문화는 글로 다 옮겨 쓸 수 없을 정도로 사소한 것부터 큼직한 것까지, 집단 내에서 공유하는 가치관이나 행동이다. 즉 공통분모를 가진 사람들의 공감은 문화를 형성하는 데 필수적인 요소이다.

그래서 문화를 형성하는 역사 그리고 그 시간을 살아온 사람들 간의 공감은 기계가 아무리 흉내 낸다 한들 결코 소유할 수 없는 인류의 자산이다. 그런 의미에서 유머만큼 공감을 활용해 유대감을 형성해주는 기술도 없을 것이다. 감정의 동물인 인간에게 즐거움은 모든 면에서 시너지 효과를 내는 요소이다. 진지한 소재여도 상관없다. TED 연사들을 보면 어떤 주제로 강연을 하든 항상 유머를 활용하는 것을 볼 수 있다. 유머는 공감하게 만들고 프레젠테이션을 빛나게 만든다.

2016년 TED에서 '독창적 사고를 하는 사람들의 놀라운 습관들The surprising habits of original thinkers'을 주제로 강연한 아담 그랜트Adam Grant는 적당한 자기 비하 유머에 더해 타인과의 대화를 통한 유머를 동시에 보여줬다. 심리학자이자 교수로 활동 중인 그는 7년 전 한 학생이 만든 스타트업에 투자자가 되어달라는 요청을 거절한 일화로 강연을 시작했다. 자신은 유니콘Unicorn 기업으로 성장할 독보적인 스타트업을 알아보지 못했고, 이후로는 아내가 돈 관리에 나섰다고 자조적인 말투로 이야기를 시작했다.

이를 통해 아담은 자신의 실수를 희화화하고 아내와의 관계를 언급하며 청중과 친근한 관계를 설정했다. 이어서 그는 투자를 거절했던 이유를 설명하며 자신을 'Pre-crastinator'라고 소개했다. 이는 '미루는 사람Procrastinator'의 반대말로 언어유희로 상황을 설명한 것이다. 학생들에게 구체적인 실행계획이 있어 보이지도 않았고 일을 미루는 듯해서 투자를 거절했는데, 의외로 미루는 습성이 독창성과 관련이 있었다는 설명이었다. 본인은 과제가 주어졌을 때 그 일을 마무리하지 못할 것을 두려워해 무조건 바로 해치워버리는데, 이로 인해 창의적인 사고를 할 수 있는 여유를 갖지 못하고 항상 하던 방식대로 안전하게 처리하는 데 머물렀다는 것이다.

그는 이와 관련해 학생과의 일화를 하나 더 소개했다. "저는 일을 미룰 때 가장 독창적인 아이디어들이 떠올라요." "귀엽네, 그래서 리포트 4개는 어찌 됐니?" 미루는 습관이 있던 학생과 자신의 관계를 유머 섞인 대화로 풀어낸 후, 그 학생이 미루는 습관의 효과에 관해 연구한 설문조사를 소개했다. 조사 결과, 아담과 같은 즉각 실행자Pre-crastinator보다 적당히 미루는 사람Procrastinator이 더 독창적인 것으로 드러났다. 결과를 듣고 아담은 학생에게 "그러면 항상 미루는 사람들은 어떠냐?"고 물어봤고 돌아온 대답은 "몰라요. 그 사람들은 제 설문조사를 아직도 안 끝냈거든요."였다. 이를 통해 아담은 연구 결과와 함께, 미루는 습관이 너무 심각한 사람들은 일을 끝내 마치지 못한다는 사실을 유머러스하게 표현했다.

아담의 강연을 듣다보면 그는 같은 이야기도 남보다 재미있게 하는 재주가 있다는 사실을 알게 된다. 그렇다고 원래 말을 재미있게 하지 못하는 사람이라도 유머를 포기해서는 안 된다. 아담의 강연은 재미있는 만큼 철저히 준비됐다는 것을 알 수 있다. 앞서 언급한 언어유희도 스스로 고안해낸 것일 테고, 학생의 연구 결과도 '미루는 사람들이 더 독창적이다'라는 결과만 전하지 않고 한 걸음 더 나아가 재미 요소로 활용했으니 말이다. 자신을 미리미리 철저히 준비하는 사람이라고 소개했으니 그의 유머 또한 그렇게 준비됐으리라 생각된다.

아담은 유머를 위해 아이러니도 적절히 사용했다. 독창적으로 사고하기 위해 업무를 미뤄보기로 결심하고 아침 일찍 일어나 어떻게 업무를 미루면서 할 것인지 계획을 세웠다는 등 모순적이고 우스꽝스러운 행동과 설명을 아무렇지 않게 하는 것이다. 이러한 아이러니 또한 계획된 것이라고 볼 수 있다. 그러니 아담이 차근차근 지난 일화를 돌이켜 보며 재미있는 요소들을 찾아낸 것처럼, 타고난 달변가가 아니라고 낙심하지 말길 바란다. 노력이 모든 것을 결정한다.

유머에 관해 한 가지 명심해야 하는 것은 청중의 배경과 정서를 최우선으로 고려해야 한다는 점이다. 외국인의 웃음코드를 이해하기 어렵다고 느낀 적이 있을지 모르겠다. 그 이유는 유머가 문화와 깊은 관계이기 때문이다. 그래서 청중을 잘 아는 것이 곧 백전백승의 길이다. 청중의 나이와 관심사를 파악해 그들이 자주 접하고 재미있다고 여겨왔을 유머코드를 사전에 이해하라. 그들이 자주 사용하는 SNS에서 접할 수 있는 유머를 참고해 그들이 공감하며 재미있다고 생각할 것에 관해 조사할 필요도 있다. 그리고 무엇보다 중요한 것은 자신감이다. 자기 비하도, 유머도 자신감과 여유가 있는 사람이 해야 설득력이 있다.

표정과 제스처로
스토리를
빛내라

내가 대중 연설 전문가가 되기 위해 처음 연습을 시작했을 때 가장 큰 골칫거리는 무대에서의 손 처리였다. 혹여 도움이 되지 않을까 해서 관련 자료를 찾아봤지만, 그저 그런 일반적인 내용이거나 '금기 리스트' 정도가 전부였다. 개인적으로 손 처리만은 절실히 배우고 싶었고, 어떤 모습이 연설할 때 가장 이상적으로 보이는지도 배웠으면 했다.

프레젠테이션 하는 동안 아무런 제스처가 필요하지 않은 내용을 얘기할 때는 여러분이 신뢰하는 누군가와 대화를 할 때처럼 팔을 두는 것이 가장 좋다. 다른 사람과 대화를 할 때 가장 편안한 자세는 두 팔을 몸의 양옆으로 자연스럽게 내려놓는 것이다. 이 자세가 대중 연설을 할 때도 가장 효과적인 기본자세이다.

그러나 팔꿈치를 약간 구부린 상태에서 손을 몸의 양옆에 편안하게 내려놓는 것보다 손을 늘 허리 윗부분에 두는 것이 정확한 기본자세라고 생각하는 사람이 많다. 또 어떤 사람은 손을 앞으로 모으기도 하고, 벌려놓은 상태 그대로 두는 사람도 있다. 이 자세가 나쁜 것은 아니지만 그리 자연스럽다고 할 수는 없다. 그런 자세로 하루 종일 길을 걷는다고 생각해보라. 불편하기도 하고 자신감도 떨어질 것이다. 호감을 느끼는 사람과 대화할 때 늘 손을 올리고 있는 사람은 많지 않다. 손을 들게 되면 대화하는 두 사람 사이에 보이지 않는 장벽이 형성되기 때문이다. 어떤 자세를 취하던 그건 여러분의 자유지만, 한 가지 명심할 것은 늘 대칭을 이루도록 해야 한다는 점이다. 그렇지 않으면 여러분이 느끼는 긴장과 초조함이 청중에게도 고스란히 전달될 수 있다.

프레젠테이션 하는 도중 취할 수 있는 편안한 자세에는 여러 가지가 있다. 그러나 몇 가지 금기사항도 있다. 다음 5가지 금기

사항은 꼭 기억해두기 바란다.

1. 앞으로 가지런히 두 손 모으기 : 자연스럽게 팔을 아래로 내리되 앞으로 모으지는 마라. 자신감이 없어 보인다.
2. 주머니에 손 넣기 : 주머니에 손을 넣으면 소극적이거나 무관심하다는 인상을 줄 수 있다.
3. 열중쉬어 자세 : 팔을 아래로 내려놓되 뒷짐은 금물이다. 무언가를 숨기고 있다는 인상을 준다.
4. 엉덩이에 손 얹기 : 엉덩이에 손을 얹으면 반항적인 사람으로 보일 수 있다.
5. 팔짱 낀 자세 : 팔짱을 끼면 부정적이고 반항적이라는 인상을 줄 수 있다.

두 번째로 목 아래와 허리 윗부분에서 할 수 있는 자연스러운 동작에 관해 알아보자. 스토리의 주인공 중 신경이 예민하고 자의식이 강한 인물을 표현하는 경우가 아니라면 얼굴, 머리, 머리카락, 목 뒤를 만지는 것은 금물이다. 약 절반 정도의 사람은 손동작도 자연스러운 대화의 일부라고 생각한다. 여러분도 여기에 동의한다면 그렇게 하면 된다. 나머지 절반은 이에 반대되는 견해이다. 이때 군인처럼 뻣뻣한 자세로 불편하게 서 있지 않으려면 어떻게든 손동작을 해야 한다. 나는 후자에 속한다. 처음에는 다소 어색하게 느껴질 수 있지만 금세 익숙해질 것이다. 일상적인 대화를 할 때와 프레젠테이션을 할 때의 팔과 손 자세에 차이점이 있다면 그것은 프레젠테이션 장소의 크기에 맞게 손동작의 범위도 커진다는 것뿐이다. 많은 청중이 모인 자리라면 연사의 동작이 커야 모두 볼 수 있다.

효과적인 손동작은 스토리의 효과를 반감시키는 것이 아니라 오히려 스토리의 내용을 풍부하게 해주고 전달 효과도 높여준다. 손동작은 동작할 때든, 하지 않을 때든 눈에 띄게 해야 한다. 스토리의 핵심 포인트가 산만해지려 할 때 같은 손동작을 반복하는 연사도 종종 있다. 손동작은 대부분 허리 위, 목 아랫부분에서 이뤄지지만, 그보다 더 크고 다양한 동작도 할 수 있다. 손동작으로 하늘에 닿는 느낌이나 지구 깊은 곳으로 땅을 파고 들어 가는 것도 표현할 수 있다. 사람은 초조하거나 불안해지기 시작하면 팔꿈치를 몸에 밀착시켜 보호 상태로 들어가려는 본능이 있다. 하지만 여러분은 자연스럽게 손을 내려놓고 프레젠테이션 하기 바란다.

사람 대부분은 어렸을 때 손가락으로 다른 사람을 가리키는 행위가 좋지 않은 것이라고 배웠다. 그러나 많은 연사가 청중 앞에서 연설할 때 이 규칙을 곧잘 잊어버린다. 손가락으로 다른 사람을 가리키는 행위는 누군가에게 모욕을 주거나 공격하고자 할 때이다. 그런데도 손가락으로 가리키지 않으면 안 되는 상황이라면 어떻게 해야 할까? 여기에는 두 가지 방법이 있다. 하나는 엄지손가락으로 가리키는 것이다. 새끼손가락이 바닥과 평행을 이루도록 주먹을 쥐고 엄지손가락은 집게손가락 위에 편안하게 놓아둔 채 청중을 향하게 하면 된다. 이 테크닉을 간간이 사용하면 강조할 때 매우 유용하다. 친숙하지만 미묘한 느낌도 있는 두 번째 방법은 손바닥을 위로 향하는 것이다. 팔꿈치를 구부려 손바닥이 위로 향하게 한 후 청중이 있는 쪽으로 팔을 뻗으면 된다.

효과적인 팔의 사용은 프레젠테이션 자세 중 하나일 뿐이다.

팔의 사용과 더불어 한 가지 중요한 자세가 더 있는데 그것은 효과적인 몸동작이다. 처음 프레젠테이션 무대에 선 사람이라면 프레젠테이션 내내 진심이 담긴 미소를 머금고 있어야 한다. 미소는 차분한 자신감을 표현해줄 뿐만 아니라, 연사와 청중 간에 신뢰를 형성하도록 해준다. 표정도 프레젠테이션의 핵심 메시지와 일치해야 한다는 사실도 늘 기억하기 바란다. 효과적인 몸동작은 많은 장점을 갖고 있지만, 그중에서도 미소 이상으로 중요한 것은 몸을 곧게 펴 균형을 이루어야 한다는 점이다. 무대에 설 때에는 어깨를 펴고 발은 어깨너비 정도로 벌리고 서면 된다. 마지막으로 한 가지 팁이 더 있다. 질문을 받게 되면 질문자가 굳이 언급하지 않은 내용까지도 이미 알고 있다는 듯 잠시 멈추고 고개를 끄덕여라. 이런 동작은 굳이 청중과 말로 대화하지 않아도 무언의 대화를 하고 있다는 느낌을 줄 수 있다.

미소를 짓는 법과 프레젠테이션 자세에 대해 알아봤으니 이제 시선 처리, 즉 청중과의 아이 콘택트Eye Contact를 살펴볼 차례이다. 시선 처리를 잘하는 방법은 하나의 문장 또는 하나의 견해를 이야기하면서 청중 개개인과 수차례에 걸쳐 대화하고 있다고 머릿속으로 상상하는 것이다. 이렇게 하면 청중을 쓱 훑어본다 거나 바닥이나 천정으로 시선을 보내는 상황을 방지할 수 있다. 즉, 여러분의 스토리를 듣고 있는 청중을 임의로 계속 선택해 3~5초 정도씩 눈을 맞추라는 것이다. 프레젠테이션이 끝날 때쯤 이면 프레젠테이션에 참석한 모든 사람과 최소한 한 번씩은 대 화했다는 느낌이 들 수 있도록 말이다.

청중과 눈을 맞출 때는 여러분의 몸도 상대방에게로 돌려 일 대일로 대화하는 듯한 자세를 취하고, 상대방의 두 눈이 아니라 하나의 눈에 시선을 고정해야 한다. 과학적으로 입증된 것은 아 니지만, 연설 코치 중 일부는 감성적인 호소를 할 때는 왼쪽 눈 을 바라보고, 논리적인 설명을 할 때는 오른쪽 눈을 바라보라고 조언하기도 한다. 감성적인 연상과 제어는 우뇌에서 일어나지 만, 외부로부터 유입되는 연상 이미지는 왼쪽 눈으로부터 인식 되고, 반대의 경우도 마찬가지라는 이유에서이다. 실전에 적용 하기가 쉽지 않다면 한 사람을 선택해 그의 눈에 시선을 고정해 라. 공간이 너무 크면 4개 혹은 그 이상으로 공간을 쪼개, 마치 누군가와 대화하는 것처럼 각각의 공간에서 1~3분 정도 시선을 멈춰라.

시선 처리 테크닉에 변화를 주려면 잠깐 눈을 감는 것도 좋은 방법이다. 과거를 회상하는 상황이라면 이는 매우 적절한 기법이다. 질 볼트 테일러는 프레젠테이션 도중 몇 가지 핵심 포인트가 나올 때마다 이 기법을 효과적으로 사용한 대표적인 인물이다.

스토리의 전개에 따라 자리를 이리저리 옮기는 것도 좋다. 그러나 자리를 이동할 때는 전달하고자 하는 핵심 메시지를 계속 유지한 상태에서 유연하고 자연스럽게 해야 한다. 연사가 자리를 옮기는 것이 자세에 변화를 주기 위해서가 아니라 특별한 목적 때문이라는 생각을 청중이 하도록 해야 한다. 연단과 스크린의 위압감에 위축되지 말고 무대 위에서 자신을 자유롭게 만들어라.

자세와 시선 처리를 어떻게 할지 명확해졌다면 이제부터는 여러분이 서 있는 무대를 프레젠테이션 전용 극장이라고 상상해 보라. 스토리텔링 스타일의 프레젠테이션을 한다면, 스토리의 주인공들이 각자 자기의 고정된 위치에 있어야 한다. 만약 시간 순서에 따르는 스토리라면 청중의 왼편에서 프레젠테이션을 시작해 오른쪽으로 서서히 이동하라. 가끔 청중에게 가까이 다가가는 것은 프레젠테이션의 핵심 포인트를 강조하면서 동시에 청중과의 유대감도 높일 수 있는 강력한 테크닉이다.

핵심 포인트를 강조할 때는 발의 위치가 청중을 향하도록 하고 몸을 한 곳에 고정하는 것이 좋다. 그리고 나서 잠시 멈추었다가 스토리가 바뀌면 다시 움직이면 된다. 그리고 한 자리에 멈춰선 후 이야기를 다시 시작하면 된다. 이런 자세는 전혀 어색하지 않고, 청중에게는 스토리의 핵심을 파악한 후 다음 내용으로 자연스럽게 넘어갈 준비 시간을 벌어준다. 이때 여러분은 자리를 이동하면서 이야기를 계속 이어갈 수도 있다. 그러나 스토리의 새로운 전환점이 다시 시작되면 움직임을 멈추고 몸을 반듯하게 세워야 한다는 점을 기억해두기 바란다. 그래야 종잡을 수 없이 무대만 왔다 갔다 한다는 인상을 피할 수 있다.

작가이자 정치 연설문 작성자인 대니얼 핑크Daniel Pink는 TED

글로벌에서 '어떻게 움직이는 것이 가장 효과적인지'를 직접 보여주었다. 그의 프레젠테이션 주제는 '기업가가 지식노동자에 대해 동기를 유발하려 할 때, 과거처럼 외적인 보상이 아닌 내적인 동기부여에 초점을 맞춰야 한다.'는 것이었다. 대니얼 핑크는 프레젠테이션 주제를 뒷받침하기 위해 프린스턴대학 과학자 샘 글럭스버그Sam Glucksberg가 수행한 연구 결과를 하나 소개했다. 대니얼 핑크는 이 얘기를 전하면서 다음과 같은 방식으로 무대를 장악했다.

"샘 글럭스버그 박사는 실험에 참가할 사람을 모집한 후, 한 그룹에게 이렇게 말했습니다. '지금부터 시간을 드리겠습니다. 여러분은 이 문제를 얼마나 빨리 풀 수 있습니까?' 그리고 다른 그룹에게는 이렇게 말했죠. '보통 사람들이 이런 종류의 문제를 푸는 데 어느 정도의 시간이 걸리는지 평균치를 측정할 수 있도록 여러분에게 시간을 드리겠습니다.' 후자의 그룹에게는 적절한 보상까지 약속했죠. '여러분이 이 문제를 가장 먼저 해결한 상위 25%에 들면 5달러를 드리겠습니다. 그리고 오늘 실험의 우승자에게는 20달러를 드리겠습니다.'"

대니얼 핑크는 "한 그룹에게 이렇게 말했습니다."라는 말할 때는 자신의 왼쪽으로 이동했다. 그리고 나서 "다른 그룹에게는 이렇게 말했죠."라고 할 때는 오른쪽으로 성큼성큼 세 걸음을 옮겼다. 스토리의 대화, 자리 이동, 그리고 제스처까지, 가능한 모든 것을 동원해 프레젠테이션을 듣고 있는 청중이 마치 실험 참가자가 된 것처럼 스토리에 빠져들게 한 것이다.

또 하나, 깊이 새겨야 할 중요한 팁은 여러분은 청중이 언제라도 볼 수 있는 무대 위에 서 있다는 사실이다. 의상, 차림새, 행동 하나하나가 전달하고자 하는 메시지와 일관성을 갖고 있어야 한다는 말이다. 프레젠테이션에 앞서 형성되는 청중과의 친밀감에 더해, 무대 위에서 여러분이 하는 모든 동작과 행위는 사회자의 소개를 받고 자리에서 일어나는 그 순간부터 프레젠테이션을 마치고 제자리로 돌아와 앉는 그 순간까지 모든 것이 일관되어야 한다. 무대 위에서 이동할 때도 자신감을 잃지 말아야 하며, 편안한 상태가 됐다고 판단되면 자연스럽게 미소를 짓는 것은 기본이다.

Key Point

l 두 팔은 자연스럽게 옆으로 내린 채 프레젠테이션을 시작하고, 허리 위, 목 아랫부분에서 자연스럽게 손동작을 해라.

2 표정도 스토리의 핵심 메시지와 일치시켜라.

3 청중 개개인과 3~5초 정도 눈을 맞춰라. 공간이 너무 크다면 섹션을 나누고 각각의 섹션에서 1~3분 정도 시선을 멈춰라.

TED Tips

몸으로
강연에 빛을 더하라

메라비언의 법칙The Law of Mehrabian, 한 번쯤 들어봤을 것이다. 상대방에 대한 인상이나 호감을 결정하는 데 시각적 요소가 55%, 청각적 요소는 38%, 말 자체는 7%밖에 영향을 미치지 못한다는 법칙이다. 즉 언어적 요소보다 중요한 게 비언어적 요소라는 것이다. 그래서 연사는 콘텐츠만 신경 쓸 게 아니라, 몸으로 말하는 법도 신경을 써서 익혀야 한다. 자연스럽고 편안한 제스처는 강연 전체의 완성도와 성공률에 지대한 영향을 미친다. 래퍼Rapper를 떠올려 보면 유독 제스처가 멋스럽고 자연스러운 사람이 있는 반면, 어딘가 어색하고 부자연스러운 느낌을 주는 사람도 있다. 귀로만 듣는다면 차이를 모르겠지만, 공연에는 시각적 요소를 포함하고 있다. 강연도 공연과 마찬가지이다. 래퍼의 멋진 제스처가 관객을 흥분시키고 열광하게 만드는 것처럼, 연사의 자연스러운 제스처도 청중의 몰입을 유도한다.

제스처를 인상적으로 사용한 TED 연사가 있다. 크라우드 펀딩 뮤지션인 아만다 팔머Amanda Palmer이다. 그녀는 2013년 TED에서 '부탁의 미학The Art of Asking'이라는 제목으로 자신이 팬을 신뢰하고 직접적으로 인연을 맺으며, 팬의 후원으로 공연하고, 그들의 집에서 묵으며 순회 투어를 했던 경험을 나눴다. 음악 활동을 위해 필요한 돈을 마련하기 위해 그녀는 특수 분장을 하고 동상 아르바이트를 했는데, TED 무대에서 직접 마임을 선보이며 동상의 모습을 재연했다. 그녀는 퍼포먼스 자체로도 임팩트 있는 모습을 연출하지만, 나아가 동상으로서 본인이 경험한 인상적인 만남을 재연해냈다.

그녀가 퍼포먼스를 시작하자 관광객뿐만 아니라 길거리에

있는, 혹은 길거리에 살지도 모르는 '외로운 사람들'이 동상인 자신에게 다가왔다고 고백했다. 몇 주 동안 그 누구와도 이야기를 나눈 것 같아 보이지 않는 외로운 사람들이 다가와 자신을 바라보면, 그녀는 그들을 향해 '고마워요, 저는 당신의 존재를 느낍니다.'라는 눈빛을 보내고 그들은 '그 누구도 제 존재를 몰라줬는걸요, 고마워요.'라고 화답하는 듯 했다. 이러한 소중한 만남을 통해 그녀는 사람에 대한 애정과 신뢰가 쌓였고, 그로 인해 먼저 다가가고 도움이 필요할 때는 요청하고, 또 자신이 도울 수 있을 때는 돕는 사람이 되었다고 말했다. 강연 내내 다양한 목소리 톤과 크기 조절, 적절한 제스처로 그녀는 몰입할 수밖에 없는 강연을 이어갔다. 청중들은 짧은 머리에 짙은 눈 화장, 피어싱을 하고 찢어진 청바지를 입은 그녀에게 빠져들었다. 그녀는 진심을 담아 온몸으로 강연했고, 이러한 태도는 제스처에 자연스러움과 자신감을 더했다.

목소리와 제스처 활용에 있어 조금은 아쉬웠던 연사도 있다. 탈북인 이혜선씨가 '나의 북한 탈출기My escape from North Korea'라는 제목으로 2013년 TED에서 보여준 모습이다. 그녀는 자신의 탈북

과정을 세세하게 묘사하며, 뛰어난 어휘력과 문장력을 보여줬다. 그러나 눈빛에는 자신감이 없어 보였고 목소리는 일정한 톤으로 떨렸으며, 손은 가만히 떨어뜨린 채로 계속 유지됐다. '탈북'을 경험한 그녀이기에 제스처에서도 지난날의 아픔이 고스란히 느껴졌지만, 처음부터 끝까지 집중해 들은 사람은 비교적 적었을 것 같아 더 강한 호소력을 보여줬으면 하는 아쉬움이 남는다.

반면 목소리와 제스처로 본인의 매력을 한껏 보여준 연사도 있다. 2013년 '당신은 스스로를 어떻게 정의하나요?How do you define yourself?'를 TED에서 강연한 리지 벨라수에즈Lizzie Velasquez이다. 그녀에게는 자신을 포함해 전 세계에서 단 세 명만 앓고 있는 희귀병이 있다. 이로 인해 시력도 안 좋고 신장도 매우 작으며 살이 전혀 찌지 않는다. 이 때문에 그녀는 '세계에서 가장 못생긴 여자'라는 수식어를 얻게 된 마음 아픈 사연도 있다. 희귀병을 앓고 외모에 대해 가혹한 평가를 받는 상처가 있지만, 그녀의 목소리와 제스처, 태도는 누구보다 사랑스럽다.

처음에 자신이 앓고 있는 질환에 대해 이야기하면서도 "저는 살이 찔 수 없어요. 네, 들으신 대로 짜릿한 일이죠."라고 경쾌하고 익살스럽게 말한다. 그녀는 또한 청중과 자연스럽게 소통하는 모습을 보여준다. 자신의 말에 반응을 해준 청중들에게 "여러분은 최고예요! 너무 기분이 좋아 무슨 이야기를 하려 했는지 잊어버렸네요, 제가 무슨 이야기를 하고 있었죠?"라고 되물어 청중들이 "머리스타일이요!"라고 답하자, "맞다 머리, 머리, 머리, 오케이, 오케이, 고마워요, 고마워요!"를 연발한다. 그녀는 작고 마른 체구를 억지로 강인해 보이도록 애쓰지 않았지만, 대신 사랑스럽고 단단한 자신의 내면을 그대로를 보여줬다. 리지를 통해 우리가 배워야할 점은 내가 아닌 다른 누군가를 흉내 내지 않아도 된다는 점이다. 여러분도 자신만의 장점을 찾아 자신감을 갖고 청중에게 다가가면 된다.

Rule 11

발표자료는
간결할수록
좋다

많은 사람이 TED 프레젠테이션을 떠올릴 때 근사하고 멋진 프레젠테이션 슬라이드도 함께 떠올린다. 그다지 틀린 생각은 아니지만, 프레젠테이션 할 때 가장 좋은 방법은 슬라이드를 아예 사용하지 않는 것이다. 실제로 최다 조회 수를 기록한 TED 프레젠테이션 연사 10명 중 4명은 발표 자료 없이 강연을 했다. 최다 조회 기록을 가진 켄 로빈슨도 마찬가지이다.

그러나 시각적 자료가 반드시 필요한 때도 있다. 이럴 때, 간단한 그림 몇 개만으로도 환상적인 프레젠테이션 자료로 활용할 수 있다. 개인적으로 TED 프레젠테이션 중 가장 마음에 들었던

슬라이드는 사이먼 시넥의 TEDxPugetSound 프레젠테이션이었
다. 사이먼 시넥은 8분짜리 프레젠테이션 중 정확히 2분 동안 플
립차트로 걸어가 마커를 들고 골든 서클Golden Circle을 그렸다. 그
가 3개의 동심원을 그리는 장면을 상상해보라. '왜'가 동심원의
한가운데 있고, '어떻게'는 중간 원에, 그리고 마지막 바깥 원에
는 '무엇'이 그려진다. 이 단순한 도식으로 위대한 리더들이 어떻
게 영감을 불어넣었으며, 놀라운 성공을 거둔 기업들이 어떻게
성장해왔는지를 설명했다. 프레젠테이션 자료를 만들기 위해
그림을 잘 그릴 필요는 없다. 단순하고, 명쾌하고, 또렷한 그림
이라면 그것으로 충분하다.

　참고할 것이 하나도 없는 무방비 상태에서 프레젠테이션 하
고 싶지 않고, 시각적으로 무언가를 보여주어야 하는 프레젠테
이션이라면 슬라이드를 사용할 수 있다. 그러나 슬라이드는 청
중의 이해를 돕기 위한 것이지, 연사가 참고하기 위한 것이 아니
라는 점을 명심해야 한다. 여러분이 돈도 많고 발표 주제가 이해
관계를 좌지우지할 수 있는 중요한 것이라면 두아르떼 디자인
Duarte Design이나 프레젠테이션 젠Presentation Zen의 가르 레이놀즈Garr

Reynolds와 같은 세계적인 수준의 프레젠테이션 전문 디자이너에게 디자인을 의뢰해도 좋다. 큰 비용이 들겠지만 말이다. 그 정도 여력이 없다면 이들 유명 디자이너들이 직접 저술한 프레젠테이션 디자인 전문 서적을 참고하면 된다.

자료를 활용한 TED 프레젠테이션 중 최고의 프레젠테이션들을 보면 대체로 디자인 측면에서 3가지 접근방식을 사용한다. '고딘 방식Godin Method', '다카하시 방식Takahashi Method', '레시그 방식Lessig Method'이 그것이다. 이 중 한 가지 방식을 고집하는 것도 나쁘지는 않지만, 2~3개를 적절히 섞어 다양성을 가미할 것을 추천한다. 클립아트는 되도록 사용하지 말고, 프레젠테이션의 집중도를 떨어뜨릴 수 있는 도형, 애니메이션, 영상의 사용도 필요한 경우가 아니라면 최소화해야 한다는 점을 기억하기 바란다.

기업가이자 마케팅 전문가인 세스 고딘Seth Godin은 이미지가 풍부한 프레젠테이션 디자인으로 유명한 인물이다. TED에서는 여러 차례 프레젠테이션을 했다. '고딘 방식'을 적용하려면 충분한 해상도를 제공하는, 저작권 구매가 완료된 사진을 전체 화면에 사용하면 된다. 한 가지 팁은 사진 일부를 해당 페이지에서 의도적으로 빠뜨려 청중이 '나머지 그림을 어떻게 완성할 수 있을지?' 자유롭게 상상하도록 하는 것이다. 여러분이 개인적으로 소장하고 있는 사진을 활용하는 것도 좋다. 그러나 사진 DB를 제대로 관리하지 않았다면 산발적으로 흩어져 있는 사진 라이브러리에서 프레젠테이션에 꼭 맞는 사진을 고르기는 쉽지 않다. 한 가지 대안은 아이스톡 포토iStock Photo, 코비스Corbis, 게티 이미지Getty Images, 포토리아Fotolia, 셔터스톡 이미지Shutterstock Images 등 이미지 전문 사이트에서 사용료 외에 저작권료를 별도로 낼 필요가 없는 사진을 활용하는 것이다. 특히 아이스톡포토는 친숙한 인터페이스와 적정한 가격대가 강점이다.

이미지 사이트는 다양한 크기와 파일 형식의 이미지를 제공하므로 이러한 사이트를 처음 이용한다면 다소 어리둥절할 수 있다. 그러나 몇 번 경험이 쌓이다 보면 자신의 프로젝터나 컴퓨터 픽셀 해상도에 맞는 사진 사이즈를 금세 알 수 있게 된다. 요즘 주류 기종인 HD 프로젝터 사용자라면 1,024×768 해상도를 선택하면 된다. 이보다 상위 기종인 FHD의 해상도는 1,920×

1,080이며, UHD의 해상도는 3,840×2,160이다.

이미지 사이즈가 인치와 dpi_{dots per inch} 단위로 표시되는 경우도 종종 있다. dpi는 픽셀과 같다고 생각하면 되고, 인치와 dpi를 곱하면 이미지 해상도가 나온다. 예를 들어, 120dpi의 7.5인치 이미지라면 1,200×900 해상도로 1,024×768 HD 프로젝터에 적합하다. 프로젝터가 제공하는 최대 해상도 이상의 픽셀은 어차피 구현할 수 없으므로 더 큰 사이즈의 이미지를 구매해봐야 돈과 저장 공간만 낭비할 뿐이다. 파일 형식은 사진 이미지의 크기와 품질의 균형을 적절히 제공하는 JPEG_{JPG}가 가장 좋고, PNG 형식도 괜찮다. 하지만 GIF는 지나치게 품질이 낮고, BMP는 지나치게 용량이 커 피하는 게 좋다.

TED에서 사용하기 좋은 두 번째 프레젠테이션 디자인은 '다카하시 방식'이다. 일본의 컴퓨터 프로그래머인 마사요시 다카하시의 이름에서 따온 방식으로 커다란 텍스트로 몇 개의 단어만을 사용한다. 이 방식은 정말 촌스러운 스타일인 7×7법칙을 발전시킨 버전이라고 생각하면 된다. 7×7법칙은 7쪽 이하의 슬라이드 페이지, 각 슬라이드에 7개 이하의 단어를 사용하는 프레젠테이션 디자인을 말한다. 수많은 페이지로 구성된 프레젠테이션에 비하면 7×7법칙은 엄청난 진보라고 할 수 있다. 그러나 글머리 기호가 눈에 거슬리므로 TED 프레젠테이션용으로는 사용하기에 부적절하다. 아마추어로 보일 수 있기 때문이다.

'레시그 방식'은 '고딘 방식'과 '다카하시 방식'을 적절히 섞은 것이다. 어떤 모습인지 충분히 짐작이 갈 것이다. 매우 간단한 텍스트와 스크린을 가득 채운 이미지로 구성하는 디자인이다. 예를 들어, 사람이나 동물이 위를 올려다보고 있는 사진을 슬라이드 오른쪽에 배치했다면 이들의 시선이 향하는 곳에 텍스트를 삽입하는 식이다.

세 가지 방식 중 어떤 것을 선택하든 그건 여러분의 자유지만, 프레젠테이션용 그래픽 디자인에 가장 중요한 원칙이 하나 있다. '간결할수록 좋다.'가 그것이다. 여백에 대해 관대해지라는 의미이다. 각각의 슬라이드는 최대한 단순하고 품격 있게 구성하고, 이렇게 디자인된 개별 슬라이드가 전체적으로 조화를 이룰 수 있게 하면 된다. 초보자라면 되도록 사용하는 단어의 수를 최소화하고, 핵심 포인트와 직접 관련이 있는 그래픽을 사용하길 권한다. 프레젠테이션의 핵심 메시지는 프레젠테이션 자료가 아니라, 여러분의 입을 통해 나온다는 사실을 다시 한 번 기억하기 바란다. 미니멀리즘은 디자인에 사용되는 폰트, 컬러, 이미지의 수에도 똑같이 적용된다.

콘텐츠의 밀집도에도 미니멀리즘이 적용된다. 잘 만든 프레젠테이션 슬라이드라면 '그래서 뭐가 어떻다는 거지?'라는 메시지만 담으면 된다. 2개의 파이 그래프를 하나의 슬라이드에 넣었다면 이를 쪼개 2개의 슬라이드로 만드는 것이 낫다. 연설 코칭 전문가 크레이그 발렌타인Craig Valentine의 가이드라인은 "슬라이드는 프레젠테이션의 시작과 끝 부분에만 사용하라."는 것이다. 더 많은 슬라이드는 불필요한 군더더기일 뿐이라는 주장이다.

프레젠테이션 디자이너들은 대부분 한 가지 서체를 사용한다. 모든 슬라이드에는 각각의 제목과 짧은 요약문이 있으므로, 영문 서체를 선택한다면 최선의 선택은 아리엘Ariel과 같은 헬베티카체Helvetica의 변형 서체를 사용하는 것이다. 각각의 서체가 서로 다른 감성적 느낌이 있는 만큼, 영문이든 한글이든 서체를 선택할 때도 메시지와의 연관성을 고려해서 선택해야 한다. 영문의 헬베티카체는 중립적이면서도 권위적이지 않다는 느낌을 주기 때문에 많은 프레젠테이션 디자이너들이 선호한다. 한글로 치면 고딕계열 서체와 유사한 서체이다. 길거리나 매체에서 자주 접할 수 있는 간판이나 기업의 로고도 대부분 이 서체를 사용한다.

만약 서체를 조금 더 다양하게 활용하고 싶다면 비슷한 서체에서 변화를 주는 것도 좋은 방법이다. 사이즈뿐 아니라 가는체, 일반체, 볼드체처럼 두께를 활용하고, 이탤릭체도 가끔 사용한다면 괜찮다. 여기에 더해 컬러에 변화를 주면 대비 효과를 노릴 수 있다. 그러나 약간의 변화가 아닌 전혀 다른 무언가를 표현해야 하는 상황도 있을 수 있다. 이럴 때는 서체와 관련하여 조금 더 기술적인 영역으로 깊이 들어갈 필요가 있다.

헬베티카체는 산세리프체Sans Serif로 서체의 끝 부분에 장식이

거의 없다. 헬베티카체와 다른 서체를 섞어서 사용하고 싶다면 의도적으로 서체를 바꿔 대비 효과를 주려 했다는 점이 잘 드러나도록 산세리프체나 스크립트체Script를 사용하는 것이 좋다. 산세리프체는 헬베티카체와 마찬가지로 제목 서체로 좋으며, 산세리프체는 타임즈 뉴로만체Times New Roman처럼 약간의 디테일이 추가되어 시선이 빠르게 이동할 수 있도록 해주므로 문장이 길어질 때 사용하면 좋다. 광고를 자세히 보면 제목에는 헬베티카체가, 본문에는 타임즈 뉴로만체가 자주 사용된다는 점을 알 수 있다. 이들 서체는 대단히 창의적인 것은 아니지만, 자주 사용되는 서체인 만큼 프레젠테이션 슬라이드를 디자인할 때도 최선의 선택이라고 할 수 있다. 타임즈 뉴로만체가 주는 느낌은 신뢰와 클래식한 분위기다. 과감한 대비 효과를 원한다면 스크립트체를 사용하면 된다. 우아한 손 글씨의 느낌을 표현할 수 있는 루실다 캘리그래피Lucilda Calligraphy도 괜찮다.

'간결할수록 좋다.'는 원칙은 컬러 사용에도 동일하게 적용된다. 컬러는 5개를 넘지 않는 것이 좋다. 이미지, 서체, 배경이 일관성을 유지하도록 하는 가장 좋은 방법은 슬라이드에 포함된 이미지의 주 컬러를 서체 컬러에도 활용하는 것이다. 이미지와 같은 톤의 색조를 유지하면서 채도와 명도를 통해 변화를 줄 수 있는 단색을 사용하는 것이 가장 효과적이다. 미세하게 변화를 줄 수도 있는데, 이때는 색상환에서 가까운 색을 사용해 비슷한 색 계열이지만, 분명한 대비 효과를 주는 것이 좋다. 과감한 대비 효과를 주고 싶다면 색상환 반대편에 있는 보색을 사용하면 된다.

슬라이드 배경과 표지 컬러도 고민해야 한다. 일반적으로는 블루, 그린, 실버 등 차가운 느낌을 주는 컬러를 배경 컬러로, 레드, 옐로우, 오렌지 등 따뜻한 느낌을 주는 컬러를 표지 컬러로 사용한다. 흑백과 같은 중립적인 느낌의 색을 배경에 사용하는 것도 괜찮다. 데이터를 표현할 때는 메시지 전달에 지장을 주지 않도록 단색을 사용해야 한다.

'간결할수록 좋다.'는 원칙에 더해 텍스트와 이미지의 주목도를 높일 수 있는 몇 가지 규칙이 더 있다. 이 문제 역시 디자인 커뮤니티에서 여전히 논쟁 중이지만, 개인적으로는 삼분의 일의 법칙The Rule of Thirds을 추천한다. 이 법칙은 면의 위, 아래, 왼쪽, 오른쪽의 3분의 1지점에 피사체가 위치해야 한다는 화면 구도에 관한 황금률이다. 슬라이드를 9개의 격자로 구분하고 이 규칙을 활용해 텍스트와 이미지를 배치하면 된다. 여러 개의 격자 칸을 포괄할 때 이 방법이 매우 좋지만, 이 방법을 적용할 때는 명확한 의도가 있어야 한다. 예를 들어, 슬라이드 한 장을 하나의 사진 이미지만으로 디자인했다고 가정해보자. 이 경우 아마도 2개의 수평적 구획 라인 중 하나에 수평선을 배치해야 할 텐데, 사진의 하늘이 흐릿한 상태라면 상단에, 역동성이 느껴진다면 하단에 배치하면 된다.

격자는 슬라이드의 핵심 포인트를 어디에 둘 것인지를 알려주는 가이드 역할도 한다. 5가지 가이드가 있는데, 처음 4개는 슬라이드의 상하 좌우의 각 1/3지점을 연결한 격자라인이 교차하는 지점 4개로, 이미지를 배치하기에 최적이다. 사진이나 비디오에서 인물을 배치하는 최적의 위치를 생각해보면 된다. 다섯 번째는 약간 더 미묘한 부분인데 슬라이드의 약간 오른쪽으로, 상하로는 가운데 부분에 위치시켜 좌측에 적절한 텍스트 공간을 확보하는 동시에 안정과 균형감을 만드는 방법이다.

 Key Point

┃ 별도의 프레젠테이션 자료 없이 프레젠테이션만 하는 것이 가장 효과적
이다.

2 프레젠테이션 자료가 필요한 경우라면 단순하게, 이미지 위주로, 텍스트
는 최소한으로 디자인하라.

3 컬러와 서체는 가급적 적게 사용하되 의도적으로 대비되는 컬러, 서체,
위치를 지정해 핵심 포인트를 부각해라.

TED Tips

자료의 사용은
효과로 결정하라

"프레젠테이션 자료는 적게 사용하라, 하지만 하나로 열 배의 효과를 낼 수 있다면 반드시 사용하라." 우리가 흔히 떠올리는 프레젠테이션 자료는 파워포인트Power Point 슬라이드이다. 두 시간 동안의 발표를 위해 40장이 넘는 슬라이드를 준비하는 사람도 있으니, 이는 큐시트Cue sheet를 그대로 파워포인트로 옮겨 읽는 것이나 다름없다. 이렇게 시각 자료에 지나치게 의존하는 것은 프레젠테이션에서 단연코 피해야 한다.

특히 글이 두 줄 이상인 슬라이드가 계속 이어진다면 청중의 집중도는 급격히 떨어진다. 강연장에까지 와서 빽빽한 글자를 읽어야하는 청중의 처지를 생각해보라. 그들은 강연을 들으러 온 것이지 책을 읽으러 온 것이 아니다. 하지만 청중과 같은 환경에서 시각적인 무언가를 공유할 수 있다는 것은 엄청난 강점이다. 따라서 발표에 시너지 효과를 낼 수 있는 시각 자료가 있다면 주저 말고 활용하기 바란다.

TED 연사 중 줄글로 이루어진 시청각 자료를 효과적으로 사용한 사람은 거의 찾아 볼 수 없다. 하지만 개성이 드러나는 자료를 활용한 사례는 아주 많다. 앞서 뛰어난 자기소개를 한 연사로 소개했던 '미루기 대마왕의 마음 속Inside the mind of. Master procrastinator'을 2016년 TED에서 강연한 팀 어반Tim Urban은 그가 직접 그린 그림들을 자료로 활용했다. 팀은 만화 같은 그림을 통해 미루는 습관을 가진 사람들의 머릿속에 원숭이가 살고 있다고 묘사해 간단하고도 우스꽝스러운 자료로 사용했다.

이 뿐만 아니라 그는 바Bar 그래프를 활용하기도 했는데, 우리가 흔히 접하는 수치 통계용 그래프가 아니라 '주어진 시간 대비 과제 수행 비율'을 보여주는 그래프였다. 이는 마감일이 임박할 수록 엄청난 효율을 보여주는 미루는 사람들의 패턴을 보여주려는 의도였는데, 평범한 내용을 그래프로 변환시켜 한 번 더 웃음을 자아냈다. 이처럼 평범한 내용도 개성 있는 자료나 유머의 요소로 전환할 수 있다면 플러스 요인이다.

2016년 강 리Kang Lee의 TED 강연 '아이가 거짓말을 하고 있는지 알 수 있으신가요?Can you really tell if a kid is lying?'에서도 시청각 자료를 효과적으로 사용하는 것을 볼 수 있다. 그는 성장단계에 따라 아이들이 거짓말을 하는 시기와 그 원인을 분석했다. 그리고 사회성이 뛰어난 아이일수록 거짓말을 빨리 하는 경향이 나타난다는 사실을 밝혔다. 그리고 성장기 아이들의 거짓말을 무조건 안 좋게만 바라 볼 것인지에 관한 질문을 던졌다. 그는 강연 도중 청중에게 아이가 거짓말을 하고 있다는 것을 바로 눈치 챌 수 있는지 묻고, 자신만만해 하는 청중에게 시험을 냈다.

아이들에게 책상 밑에 있는 물건을 절대 보지 말라고 지시한 후, 감시하는 사람이 자리를 비운 사이 얼마나 많은 아이가 책상 밑을 엿보는지 실험했다. 잠시 후, 책상 밑을 봤냐는 질문에 아이들이 거짓으로 대답하는지 알아보는 짧은 영상을 틀어줬다. 책상 밑을 몰래 보지 않았다고 대답하는 두 아이 중 한 명은 거짓말을 했고, 청중은 사실대로 말한 아이가 거짓말을 했을 것이라고 예상했다. 이러한 짧은 영상을 활용함으로써 캉은 연구 결과만을 수치로 제시한 것이 아니라, 현장의 모습을 보여줌으로써 연구에 대한 이해도를 높이고 청중의 참여도도 높였다. 여기에 더해, 실험에 참가한 아이들의 귀여운 모습을 보여주는 것은 발표 전반에 긍정적인 환기 요소가 되었다.

　시청각 자료는 청중의 관심을 끌 뿐만 아니라 상상력을 자극하는 효과도 있다. 또한 65%의 사람들이 시각적 학습자이며, 그림이 주어졌을 때 글만 보았을 때보다 두뇌회전이 60,000배 빠르다고 했다. 즉 시각적 자료를 활용하는 것이 청중들에게 더 효과적이라는 것이다. 이 뿐만 아니라 스탠포드 대학 연구는 시각적 자료를 활용하는 것이 설득력을 높이는 데에도 더 효과적이라고 증명했다. 결국, 지나치게 시청각 자료에 의존하여 주객이

전도되게는 하지 말되, 적절히 이를 활용해 시너지 효과를 내야
한다.

연습만이
최고를
만든다

강연이나 대중 연설을 앞두고 있다면 누구나 공포감을 느끼기 마련이다. 이러한 공포감이 이성적인지 혹은 비이성적인지 구분하는 것은 공포감을 없애는데 아무런 도움이 되지 않는다. 또한, 많은 사람이 생각하듯 대중 연설을 죽음보다 더 끔찍한 것으로 생각하는 것도 결코 도움이 되지 않는다. 그렇다고 해서 걱정할 필요는 없다. 공포감을 조절할 수 있는 간단하면서도 좋은 팁이 몇 가지 있기 때문이다.

대중 연설에 앞서 공포감을 조절하는 것은 실제로 프레젠테이션 일정 며칠 전부터 시작해야 한다. 특히 TED 프레젠테이션에 연사로 나선다면 최소 세 번 정도는 충분한 피드백을 받을 수 있는 환경에서 연습해야 한다. 그런 환경이 아닌 몇 명의 친구나 친한 동료로 구성된 소그룹 앞에서 연습하고 싶은 유혹에 빠질 수도 있다. 하지만 충분한 피드백을 받을 수 있는 환경이 아니라면 좋은 결과를 기대하기는 어렵다. 연습을 많이 한다는 것은 준비한 콘텐츠를 충분히 숙지한다는 것이고, 자신감도 그만큼 키울 수 있다는 것이다. 그리고 실전에서는 청중과 대화한다는 생각으로 프레젠테이션 해야 한다. 따라서 준비한 원고 초안을 기계적으로 외운다거나 읽는 식으로 연습하는 것은 곤란하다.

프레젠테이션은 연사가 청중 앞에서 벌이는 일종의 퍼포먼스이다. 그래서 연단에 오르면 공포감이 더욱 커진다. 무대 연출가들이 공연에 앞서 몇 시간 전부터 모든 것을 완벽하게 체크하듯, 훌륭한 연사도 프레젠테이션 환경을 사전에 꼼꼼히 체크해야 한다. 이렇게 하려면 강연장에 일찍 도착하는 것이 우선이다. 그래야 기술적인 부분이나 물리적 공간을 변경할 필요성이 발생했을 때 현장에서 즉각 조치할 수 있기 때문이다.

장비를 사용할 예정이라면 강연장의 모든 기술적 환경을 꼼꼼히 확인하고 마이크 상태도 체크해야 한다. 컴퓨터가 제대로 작동하는지, 그래픽은 제대로 표현되는지를 실제 발표 환경에서 실행해봐야 한다. 그저 잘 구현될 것이라고 안일하게 생각했다가는 곤란한 상황에 부닥칠 수도 있다. 나도 이런 경험이 있다. 회사 상사 앞에서 하는 프레젠테이션이었는데 슬라이드에 삽입한 정지 신호 이미지가 리허설 때 전혀 작동하지 않았다. 그런데 실제 발표할 때는 이 정지신호 이미지가 갑자기 번쩍거려 무척이나 당혹스러웠다. 다행스럽게도 상사들이 농담으로 이 상황을 넘겨주었지만, 세심하게 주의해서 나쁠 것은 없다는 교훈을 얻게 됐다.

프레젠테이션 환경에 대한 이해와 가능한 변수에 대한 사전 체크도 장비를 점검하는 것만큼이나 중요하다. 여러분이 환경을 바꿀 수 있는 위치에 있든, 그렇지 못하든 간에 물리인 공간을 어떻게 사용할 것인지에 관해서는 충분히 고민해야 한다. 예를 들어, 프레젠테이션 하는 동안 이리저리 움직일 수 있을 정도로 넓은 공간이라면 어느 지점에서 멈출 것인지, 어느 경로로 움직일지를 미리 고려할 수 있다. 공간 배치를 바꾸는 것이 가능하다면 의자와 책상 배치를 달리한다거나, 작은 연단을 요청한다거나, 화이트보드의 위치를 바꿀 수 있다.

강연장에 일찍 도착해 전반적인 환경을 원하는 대로 설정해두면 프레젠테이션 할 때도 자신감을 높일 수 있다. 일찍 도착하는 것의 이점은 이뿐만이 아니다. 기술적인 부분과 물리적 공간에 대한 점검을 마친 후, 발표에 앞서 청중과 대화를 나눌 수 있다. 친밀감을 형성할 수 있는 황금 같은 기회를 잡을 수 있다는 말이다. 청중의 생각을 미리 듣고 어느 정도 유대감이 형성된 상태에서 프레젠테이션 하게 되면 그들의 생각을 프레젠테이션 내용에 충분히 반영할 수 있다.

일단 프레젠테이션이 시작되면 청중은 여러분이 프레젠테이션을 성공적으로 끝마칠 수 있기를 원한다는 사실을 기억하기 바란다. 프레젠테이션 내용을 구구절절 외울 필요는 없지만, 도입부만큼은 반드시 외울 필요가 있다. 강렬한 인상을 주는 도입부로 프레젠테이션을 시작하면 연사의 자신감도 더 커진다. 발표 내용을 요약해 주머니에 넣어두는 것도 좋은 방법이다. 굳이 꺼내보지는 않더라도 요약본이 주머니에 있다는 사실 자체만으로도 든든함을 느낄 수 있기 때문이다. 여러분이 프레젠테이션을 완벽하게 수행할 수 있는 능력이 생겼고 자신감도 충만해졌다면, 이제부터는 연설 전문가의 프레젠테이션을 심층적으로 공부해보고, 연단에 오르기 전 넣어둔 주머니의 요약본도 과감하게 던져버려라.

마지막으로 초조하거나 불안감을 느끼게 되면 말하는 속도가 지나치게 빨라지는 경향이 있다는 점도 염두에 두기 바란다. 속도를 늦추고, 잠시 멈춤 테크닉을 자유롭게 사용해보라. 잠시 멈춤은 청중에게는 메시지를 깊게 생각할 수 있는 시간을 주고, 여러분에게는 속도를 늦추고 심호흡을 크게 할 수 있는 시간을 준다. 그뿐만 아니라 앞서도 얘기했듯이 좋지 않은 군더더기 표현 습관을 없애는 데도 효과적이다.

Key Point

1 피드백이 충분히 제공될 수 있는 환경에서 최소 세 번 이상 연습하라.

2 강연장의 전반적인 환경을 파악하고 청중과도 유대감을 형성할 수 있도록 강연장에 일찍 도착하라.

3 청중은 여러분이 성공적으로 프레젠테이션을 끝마치기를 원한다는 사실을 늘 기억하라.

TED Tips

연습하고 준비하고
또 연습하라

TED 프레젠테이션이 다른 강연과 가장 차별화 되는 것은 무엇보다 연사들의 뛰어난 소통능력이다. 이는 곧 연사가 프레젠테이션을 '발표'가 아닌 쌍방향 '대화'로 청중이 느끼도록 소화한다는 의미이다. 다만 일상적인 대화가 즉흥적이라는 점을 감안하면 준비된 원고와 콘텐츠를 대화처럼 느껴지게 한다는 것은 상당히 고차원적 발표 능력이라고 할 수 있다. 이처럼 '완벽한 대화'를 만들어내기 위해서는 특별한 연습이 필요하다.

물론 같은 내용의 강연을 수차례 한 연사 중 토씨 하나 다르지 않게 외워 소화하는 사람도 있다. 하지만 청중마다 분위기가 다르고 반응이 다를 것을 예상하면 무엇보다 즉흥성과 임기응변에 관해 철저하게 연습할 필요가 있다. 즉흥성을 연습한다는 것 자체로는 모순이지만, 이를 실천할 수 있는 방법이 없는 것은 아니다. 바로 키워드를 활용하여 내용을 떠올려 연습하는 것이다.

강연의 내용은 누구보다 당신이 가장 잘 알고 있다. 그 유익한 콘텐츠를 문장으로 된 대본이 아닌 키워드로 정리해 머릿속에 펼쳐내는 것이 이 방법이다. 앞서 다루었던 오프닝, 본론, 결론, 그리고 스토리를 키워드로 정리해 기억해두는 것이다. 문장과 문장을 잇는 단어나 추임새 정도는 자연스럽게 입에서 나오는 대로 말하도록 연습하기를 추천한다. 저자 제레미가 말하듯, 피드백이 가능한 공간에서 세 번 이상은 꼭 연습해보기를 바란다. 실제로 나는 최소 다섯 번 이상 연습을 권한다.

그리고 키워드만을 떠올리고 그 키워드에 담긴 스토리로 말을 이어가는 연습을 해보라. 흔히 문장으로 해야 할 말을 모두

적어 대본처럼 외우면 그 안에 갇혀 사소한 실수에도 발표 전체가 무너지는 경우가 종종 생긴다. 실제로 생방송에서 단어 하나가 떠오르지 않아 큰 사고가 생기는 것을 여러분도 여러 번 봤을 것이다. 그 이유는 이야기를 기억한 것이 아니라 적힌 문장을 외우고 그대로 읊으려고 하기 때문이다.

TED에는 뛰어난 연사가 많지만, 그 중에서도 특히 잘 준비된 강연이라 느껴진 사례를 마지막으로 소개하고자 한다. 에밀리 에스파니 스미스Emily Esfahni Smith의 2017년 TED 강연 '인생에는 행복 이상으로 추구해야 할 것들이 있습니다There's more to life than being happy'가 그것이다. 그녀는 특별한 시청각 자료조차 없이 처음부터 끝까지 잘 구성된 내용으로만 마치 청중의 마음속에 그림을 그리듯 프레젠테이션 했다.

그녀는 단순히 행복을 좇을 것이 아니라, 삶의 '의미'를 찾아야 진정으로 행복하게 살 수 있다고 말했다. 그러면서 이 '의미'에는 네 가지 기둥이 있다고 은유적으로 설명했다. 첫 번째 기둥은 '소속감', 두 번째 기둥은 '목적의식', 세 번째 '세상을 초월한 몰입', 마지막 기둥은 '스토리텔링'이다. 그녀는 각 기둥을 설명하며 일상적인 사례도 들고 반론에 대해서도 생각을 나눴다. 하지만, 결국에는 요점으로 돌아와 각 기둥의 의미가 무엇인지 명확하게 전달했다.

또 하나 눈 여겨 볼 것은 그녀가 쉬운 내용에서 시작해 점점 어려운 내용으로 전개했다는 점이다. 소속감과 목적의식에 비해 '초월'은 어떤 의미인지 단번에 와 닿지 않는다. 그녀가 말하는 '초월'이란 무언가에 열정적으로 몰입해 이 세상을 초월해 '스스로의 존재 가치를 느끼는 것'이다. 마지막으로 그녀가 '스토리텔링'을 강조하는 이유는 누구를 만나더라도 자기 자신에 관해 이야기할 수 있을 만큼 자신을 잘 알아야 한다는 의미를 담고 있다. 이렇게 그녀는 '의미' 있는 삶을 형성하는 네 개의 기둥에 관해 설명하는 것으로 프레젠테이션을 구성했다.

다양한 사례가 제시되었지만, 그녀의 발표는 처음부터 끝까지 통일된 메시지를 전달했다. 서사적이거나 아이디어가 서로 연결되는 형태의 구성이 아닌, 에밀리가 채택한 한 가지 콘셉트를 설명하기 위해 다양한 요소를 끌어오는 이러한 구성은 무엇보다 연습이 필수적이다. 한 가지 요소에서 부연 설명이 지나치게 길어져 균형이 무너진다거나, 다음으로 언급해야 할 요소가 갑자기 기억이 안 나는 것과 같은 불상사가 발생하기 가장 쉽기 때문이다. 이런 실수를 막으려면 철저한 발표 준비와 더불어 사전에 관련된 사실을 모두 숙지해두는 것이 좋다.

사전답사의 중요성도 여기서 알 수 있다. 강연장의 환경에 익숙해지는 것은 성공적인 발표에 큰 영향을 미친다. 우리는 편안한 환경에서 준비된 것 이상의 능력을 발휘한다. 프레젠테이션 한다는 것 자체가 긴장되는 일이므로, 주어진 환경에서 편안함을 찾으려면 강연장을 사전에 방문하고 돌발 상황이 발생하지 않도록 장비들을 점검해야 한다. 그리고 내가 원하는 대로 바꿀 수 있는 것은 바꿔 설정하도록 하자. 연사의 잘못이 아니더라도 강연 도중 장비 문제로 프레젠테이션이 정지되는 상황조차 부정적일 수밖에 없다. 아무리 연사의 잘못이 아니라고 하더라도 중간에 프레젠테이션이 틀어지면 청중들의 집중과 관심도 함께 틀어진다.

완벽하게 준비된 프레젠테이션이 주는 성취감은 상상 이상
이다. 물론 완벽할 정도로 연습하지 않았다고 프레젠테이션이
엉망이 되는 것은 아니다. 말솜씨가 좋은 사람이라면 대충 한두
번 연습하고도 그럭저럭 잘 마무리 할 수 있을 것이다. 하지만
이와 완전히 별개인 것은 연사의 감정 상태이다. 준비가 부족할
수록 긴장감과 불안감은 커질 수밖에 없다. 프레젠테이션이 한
마디 한 마디 진행될 때마다 안도감과 동시에 긴장의 끈을 놓을
수는 불안감이 이어진다. 여기에 예상치 못한 사고라도 생긴다
면 회생 불가능할 정도의 패닉 상태에 빠질지도 모른다.

반면 스스로 만족할 만큼 준비가 되어 있다면 한 마디 한 마
디 프레젠테이션이 진행될 때마다 불안감이 아닌 성취감을 느끼
게 될 것이다. 프레젠테이션 내내 계속해서 자신에게 '잘하고 있
어!'라며 응원도 하게 된다. 따라서 실수하더라도 여태까지 잘해
왔다는 생각에 자신감을 얻어 대처도 더욱 잘하게 된다. 청중의
만족도를 위해서도 나의 성취감을 위해서도, 준비 그리고 또 준
비만이 정도임을 명심하자.

에필로그

실전에
뛰어들라

이 책을 기획하면서 수없이 많은 TED 영상을 보고 면밀하게 연구했다. 그러나 요리 프로그램인 '아이언 셰프Iron Chef'를 많이 본다고 해서 일류 요리사가 될 수 없는 것처럼, 유명 연사의 프레젠테이션을 많이 참고한다고 해서 훌륭한 연사가 될 수 있는 것은 아니다. 또한, 프레젠테이션에 관한 책을 많이 읽는다고 해서 훌륭한 연사가 될 수 있는 것도 아니다. 피드백이 풍부한 환경에서 연습, 또 연습하는 것 외에 프레젠테이션을 잘하는 뾰족한 비결은 없다.

자, 이제 세상을 향해 여러분의 아이디어를 프레젠테이션 하라!

TED

TED 프레젠테이션(세계가 감동하는 TED, 12가지 비밀)

사례 개정판 1쇄 발행 | 2020년 07월 15일

지 은 이 | 제레미 도노반
해   제 | 윤지현
번   역 | 김지향
펴 낸 이 | 엄지현

기   획 | 이진희·한솔비
마 케 팅 | 권순민·오성권·강이슬
표   지 | 롬디
내   지 | 롬디
제작총괄 | 조종열
인   쇄 | 영신사

발 행 처 | (주)인사이트앤뷰
등   록 | 2011-000002
주   소 | 서울시 구로구 경인로 661
전   화 | 02) 3439-8489
이 메 일 | insightview@naver.com

ISBN 979-11-85785-40-0 13320

값 13,000원